信息类学生专业毕业设计（论文）指导

主　编　柳炳祥　李　娟
副主编　胡丌华　何福保　李慧颖

电子工业出版社

Publishing House of Electronics Industry

北京·BEIJING

内 容 简 介

毕业设计是高等学校教学计划中的最后一个组成部分，也是最重要的实践教学环节，它是审核本科学生毕业和学位资格的重要依据。本书按照毕业设计（论文）的流程设计教材章节，详细阐述了毕业设计的选题、文献的获取和查阅、开题、毕业设计、毕业论文写作，以及毕业答辩等环节的基本规范和要求，使读者能清晰地了解毕业设计（论文）的工作流程、注意事项及应对策略等。为方便读者参考和学习，本书在最后提供了毕业论文的范文及毕业设计相关表格。本书内容完整、范例丰富，具有较强的实用性。

本书可作为信息类毕业生开展毕业设计和撰写毕业论文的教材，也可作为毕业设计指导教师的参考用书。

图书在版编目（CIP）数据

信息类学生专业毕业设计（论文）指导 / 柳炳祥，李娟主编．—北京：电子工业出版社，2019.1
ISBN 978-7-121-35663-6

Ⅰ．①信… Ⅱ．①柳… ②李… Ⅲ．①电子计算机−毕业实践−高等学校−教学参考资料②电子计算机−毕业论文−写作−高等学校−教学参考资料 Ⅳ．①G642.477 ②TP3

中国版本图书馆 CIP 数据核字（2018）第 275917 号

策划编辑：　祁玉芹
责任编辑：　祁玉芹
印　　刷：　中国电影出版社印刷厂
装　　订：　中国电影出版社印刷厂
出版发行：　电子工业出版社
　　　　　　北京市海淀区万寿路 173 信箱　邮编　100036
开　　本：　787×1092　1/16　印张：11　字数：261 千字
版　　次：　2019 年 1 月第 1 版
印　　次：　2024 年 7 月第 7 次印刷
定　　价：　38.00 元

凡所购买电子工业出版社图书有缺损问题，请向购买书店调换。若书店售缺，请与本社发行部联系，联系及邮购电话：（010）88254888，88258888。

质量投诉请发邮件至 zlts@phei.com.cn，盗版侵权举报请发邮件至 dbqq@phei.com.cn。

本书咨询联系方式：qiyuqin@phei.com.cn。

目 录
CONTENTS

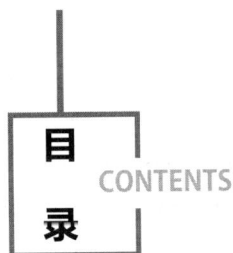

第1章 绪 论

毕业设计是高等学校教学计划中的重要组成部分，是大学生最后、也是最重要的一个教学环节。其综合性、创造性、理论性和实践性紧密结合，是实现专业人才培养的重要实践环节。作为本科学生毕业及学位资格认证的重要依据，它也是衡量高等教育质量和办学效益的重要评价指标。认真做好毕业设计的各个环节工作，能有效保证毕业设计的目标和质量，对全面提升本科教学质量及毕业生的专业素养具有十分重要的意义。

1.1 毕业设计的性质

毕业设计是培养本科生知识综合运用、工程实践、理论研究和创意创新能力的重要教学环节，也是本科生毕业及学位资格认定的重要依据。

在毕业设计过程中，学生在指导教师的指导下，在确定课题的明确需求和目标后，按照类似工程项目的管理要求，从课题调研、文献查阅、方案设计和软硬件平台选择到具体实现方法等课题环节展开工作，完成课题设计任务及过程材料整理，并在此基础上撰写毕业设计论文，形成书面表达形式。

毕业设计的质量与学生的知识面、对相关理论的掌握及综合运用知识的能力密切相关。通过毕业设计这一环节的实践，不仅能使学生加深对所学专业的认识、深化领域理论知识和培养实践应用能力，而且能通过项目化管理提高交流协作和团队合作能力，从而为将来面对更加复杂的课题奠定基础。

毕业设计既是学习过程，也是实践过程。其成果体现了学生的综合水平，表现在对知识的运用，以及工作和文字表达能力等方面。

1.2 毕业设计的目标

毕业设计是一门必修课，不仅对学生毕业成绩的高低和能否毕业取得学位有直接的影响，而且对学生今后的成长、工作及素质培养等都起着重要的作用，其目标如下。

（1）使学生进一步巩固和加深对所学的基本理论、基本技能和专业知识的掌握，使之系统化和综合化。

（2）使学生获得从事科研工作的初步训练，培养学生的独立工作、独立思考和综合运用已学知识解决实际问题的能力，尤其注重培养学生独立获取新知识的能力。

（3） 培养学生的课题设计、工程制图、实验方法、数据处理、文件编辑、文字表达、文献查阅、计算机应用，以及工具书使用等基本工作实践能力，使学生初步掌握科学研究的基本方法。

（4） 使学生树立符合国情和生产实际的正确设计思想和观点，以及科学严谨、负责、实事求是、刻苦钻研、勇于探索、具有创新意识和善于与他人合作的工作作风。

（5） 提高学生查阅文献、分析资料、编写报告，以及用一门外语阅读本专业外文文献的能力。

（6） 培养学生初步掌握运用一定的综合基础理论、基础知识及技能解决和完成一定复杂程度的工程设计与科学研究的能力。

1.3 毕业设计的要求

对学生而言，应该充分理解毕业设计的重要性，认真完成每个环节的教学目标和要求，并在从毕业设计选题到毕业答辩的各个环节中都完整地参与其中；同时注重团队合作精神，做好项目中安排的任务等。具体来说，主要包括以下方面的要求。

（1） 系统整理所学知识，并将其用于分析和解决所选课题中的具体问题。

（2） 在实现课题过程中自学完成课题所需的相关知识，掌握文献检索和阅读的基本途径和方法。

（3） 对课题实施的每一个环节都能认真对待，坚持实事求是和科学严谨的工作作风。

（4） 在指导教师的指导下独立完成所选课题。

1.4 毕业设计的指导教师

毕业设计实行指导教师负责制，每个指导教师应对整个毕业设计阶段的教学活动全面负责，其资格如下。

（1） 具有中级（含）以上技术职称或硕士（含）以上学位者。

（2） 校外指导教师必须符合学校对指导教师的规定，并出具其所在单位介绍信和本人的确认书，交学校审查并认可。

（3） 每名指导教师指导的本科生学生人数原则上毕业设计不得超过 8 名，毕业论文不得超过 6 名。

指导教师的主要职责如下。

（1） 提出毕业设计课题，并填写毕业设计选题申报表。

（2） 根据课题的性质和要求填写毕业设计任务书，在学生进入课题前填写下发给学生，明确毕业设计的要求并定期检查学生的工作进度。

（3） 向学生介绍毕业设计的工作和研究方法，并且提供有关参考书目或文献资料，审查学生拟订的设计方案或写作提纲。

（4）　负责指导学生完成开题报告、调查研究、文献查阅、方案制定、实验研究、上机计算、论文撰写和毕业答辩等各项工作。

（5）　在毕业设计内容上对学生提出具体要求，如应该完成的计算工作、整理各项实验数据、查阅中外文资料、开发软硬件、绘制图纸、文献综述，以及撰写开题报告、毕业设计说明书和毕业论文等。

（6）　按时审阅完成学生的毕业设计初稿，并提出具体修改意见。

（7）　必须在学生答辩前审查完成毕业设计（包括设计说明书、计算资料、实验报告和图纸，以及论文等），并认真填写毕业设计指导教师评阅书。

（8）　实事求是地向答辩委员会写出对学生工作态度、能力、毕业设计水平和应用价值等评语，以及意见和建议等。

（9）　指导学生做好毕业设计答辩工作。

（10）　在整个毕业设计过程中对每位学生毕业设计的指导和答辩时间每周不得少于两次，每次不得少于两小时。

（11）　在校外单位指导毕业设计的教师应代表学校同有关单位一起落实与毕业设计有关的工作，并妥善处理好毕业设计工作中的有关问题。

（12）　整理学生毕业设计材料后交学院归档。

指导教师因公或因病请假应事先向学生布置任务或委托他人代为指导，超过两周者应向院（系）领导申请及时调整指导教师。

1.5　毕业设计的过程环节

目前各教学管理部门一般对毕业设计的过程管理机制有明确的规范要求，即"事先可知、过程可见及事后可查"，对各个环节评价"有据可依"。毕业设计的整个过程可分为普通环节和控制环节两部分，包括公布课题、选题、下达毕业设计任务书、查阅参考文献、外文翻译和文字综述、开题、毕业设计、中期检查、毕业论文撰写、论文审查（查重）、毕业答辩和成绩评定等 12 个环节，毕业设计的整体流程如图 1-1 所示。

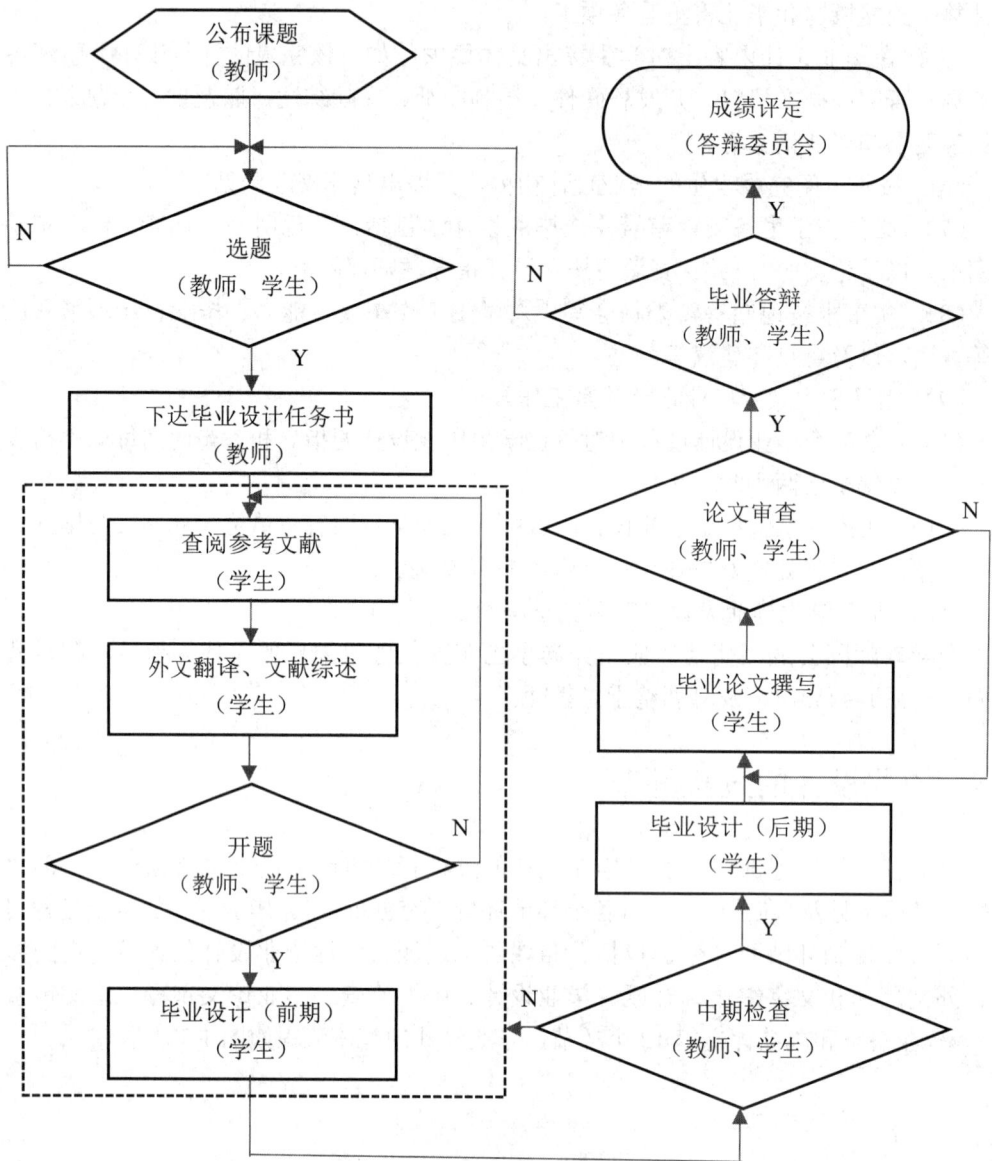

图 1-1　毕业设计的整体流程

1.5.1　普通环节

毕业设计的普通环节包括公布课题、下达毕业设计任务书、查阅参考文献、外文翻译和文献综述、毕业设计、毕业论文，以及最后的成绩评定等 7 个阶段。

（1）公布课题。

毕业设计课题一般由指导教师提出后由学生选择，或者由指导教师与学生共同商定。也可以由学生自己拟订，但必须说明选题的理由、具备的条件及应达到的要求。毕业设计题目不能空洞、过大且不具体，可为理论分析（最好有程序实现或模拟仿真），也可为理论与应用相结合。

（2）下达毕业设计任务书。

毕业设计任务书由指导教师下达，它是指导教师对课题内容和进度安排等的一个重要的书面材料。也是下达给学生的任务约定，因此贯穿于整个毕业设计始终。其中一般包括毕业设计的主要内容及要求，如任务、背景、工具、软硬件环境、成果、进度计划和指定参考文献等。

（3）查阅参考文献。

参考文献一般指与学科相关的图书和论文等资料，完成毕业设计和撰写毕业论文需要吸收他人的知识，为此需要查找和阅读文献。指导教师一般会在下达毕业设计任务书时指定若干篇参考文献，其余的参考文献需要学生在毕业设计过程中自行查阅。

（4）外文翻译和文献综述。

毕业设计过程中的阅读和翻译外文文献是一个非常重要的组成部分。很多领域，尤其是信息科学和计算机等领域较新和较好的文献往往都是外文文献，借鉴一些外文文献可以体验最新的领域综述。外文翻译各学校规定不同，一般要求翻译外文文献 1～2 篇（翻译文字数在 3 000～6 000 字左右）。

文献综述指在阅读某一类主题的相关文献后经过理解、整理和融会贯通，以及综合分析和评价而撰写的综述性文章，好的文献综述可以为下一步的毕业设计和论文写作奠定一个坚实的理论基础。

（5）毕业设计。

毕业设计部分是整个毕业设计过程的中心所在，是学生的主要实践环节。按照项目化管理和系统工程学方法，毕业设计一般可以分为需求分析、系统分析、系统设计、详细设计、代码实现、系统调试和系统实施等阶段，最后要通过相关的测试和验收。

（6）撰写毕业论文。

学生在完成毕业设计的基础上撰写毕业论文，对毕业设计工作进行总结。毕业论文应该描述课题的背景、主要研究内容、研究路线和研究方法、实现工具和测试数据等，要在技术和理论两个方面进行提升并按照规定的格式系统地阐述。

（7）成绩评定。

评定成绩的主要根据：一是毕业设计和毕业论文等相关材料的质量；二是毕业答辩的表现，一般认为答辩表现不应低于毕业设计和毕业论文等相关材料的质量。

1.5.2　控制环节

毕业设计的控制环节包括选题、开题、中期检查、论文审查（查重）和毕业答辩等 5 个环节。

（1）选题。

选题即确定毕业设计的课题，此时由师生双向选择，指导教师对选择课题的学生可能会有一定的要求，如擅长编程等；学生应尽量选择自己感兴趣的课题，也可以考虑实验条件是否可行，以及与毕业后从事的工作方向是否相关等因素。

（2）开题。

开题是学生在选定课题后，在查阅文献和调研等工作的基础上确定的关于课题如何实施的基本工作方案和计划书，通常包含一份 Word 文档和一份汇报 PPT，内容应该包括选题依据、研究内容、技术路线、实验方案、进度计划和预期成果等。

（3）中期检查。

中期检查是在毕业设计期间组织的检查，通常为了及时了解和督促学生的毕业设计进展，以便指导教师有效安排随后的毕业设计实验、资料和材料管理等，确保毕业设计的进度和质量。

（4）论文审查（查重）。

毕业设计论文的审查一般包括内容、格式和查重 3 个方面，内容上要能反映毕业设计的各个方面，突出体现论文撰写者所做的工作，一般要求在理论上有深化和总结；格式规范则要求严格按照本校规定的毕业设计撰写规范，要求表达通顺、图文整洁和逻辑清晰；查重是为了防止学生过度参考或引用他人的文献和工作，防范学术不端而进行的一项工作，一般要求毕业论文的重复率小于 15%。

（5）毕业答辩。

毕业答辩时一般采用学生先向答辩教师陈述毕业设计所要解决的问题或要达到的目标，答辩教师就课题的有关问题进行提问，以此来考察学生运用基本理论、基本知识、基本设计，以及计算方法、实验方法和测试方法的能力，最后给出毕业答辩的成绩。

实际上有些学校为了便于对控制环节实施管理，在毕业设计过程中会有专门的一份材料，称为"毕业设计进展记录情况"。每完成一个控制环节指导教师都需要在工作记录卡上签字，其基本样式参见附录。

1.6　毕业设计注意事项

毕业设计不但对学生自身能力的提高有重要作用，而且直接影响毕业成绩，对今后的升学和工作都具有重大的意义。学生应该正确严肃地对待，需要注意如下相关事项。

（1）利用毕业设计的机会极大地锻炼自己，通过教师的指导和各方面的学习尽可能多地掌握处理相关问题的方法和手段，尽量尝试各种可能。

（2）认真对待毕业设计的全过程，关注每一个细节。全心投入，以争取发挥最好的水平。

（3）养成独立工作的能力，不完全依赖于指导教师。独立处理问题的能力向来是个人能力的体现，不仅是毕业设计成绩的评分依据，而且是得到各用人单位重视的重要考核要素。

（4）按照毕业设计任务书的要求制订工作计划，保证高质量地完成毕业设计的各项内容。

第 2 章　毕业设计选题

所谓选题，顾名思义就是选择毕业设计的题目，即在毕业设计之前选择并确定所要研究论证的课题。这是完成毕业设计的第一步，在某种程度上能够决定毕业设计的价值和效用。选题的过程就是决定毕业设计的难易程度、工作量大小，以及最后完成质量的过程，实际上就是确定"做什么"的问题，即确定科学研究的方向。如果"做什么"不明确，那么"怎么做"就无从谈起，能否正确选题直接关系到毕业设计的成败。

信息科学类专业的毕业设计选题必须符合专业的综合培养要求，即围绕生产实践、科学研究和实验室建设等方面选择。毕业设计的题目通常由学校的教师或毕业实习单位的工程师提出，由学生自愿选择。也可以由学生提出，与教师讨论后经专业教研室讨论确定，并报院和系审批确定。

2.1　课题类别

毕业设计课题首先应符合学生所学专业的培养目标，以教学要求为依据并利于学生综合运用所学的基本理论和基础知识，在满足教学要求的前提下可以适当深化教学内容。提供的毕业设计题目要有科学性、可行性、实用性和创新性，要紧密结合实际，要尽量真题真做，要与毕业生将来可能服务工作单位的实际相结合。

毕业设计课题分类方法多样，常用的是依据课题最终目的和课题侧重点两种分类方法。

1. 依据课题最终目的分类

依据课题的最终目的不同，可以大致分成以下 5 类。

（1）完成教学训练的基本课题。

这种类型的题目主要是以完成教学培养为目的，满足专业培养方案的要求。围绕教学的重点和难点做较为深入的探讨，通过模拟仿真和硬件实验等加深基本概念，从而为今后的教学开发新的思路，实际上就是一个大实验。成功的案例通常会在日后转入教学讲义中，使后面的学生能够比较容易地掌握相关难点。例如，模拟数据结构与算法网上学习系统设计、局域网综合布线设计，以及微信 APP 的开发实现等。

（2）教师科研的一部分。

教师横向或纵向接收的科研任务往往很大，学生可以辅助教师完成其中相对独立的一部分。该类题目因为难度比较大，所以划分任务一般不宜太大。可以几名同学合作，每人完成一小部分，衔接起来成为一个较大的任务。鉴于毕业设计时间不长，一届学生可以完成一个阶段任务，由下一届同学接着完成剩余部分。例如，陶瓷图案网络协同设计系统的开发与实现、古陶瓷断源断代分析系统的研究，以及基于数据挖掘的客户关系管理系统的设计与实现等。

（3）完成一项电子制作实践。

这类课题一般从阅读文献开始，经过方案论证、模拟仿真、设计板图、元器件准备和制版等步骤，最后安装调试。这类课题能对学生进行比较全面和系统的训练，指导教师应该熟悉题目完成的每一个环节，以便于掌握毕业设计实施的全过程。例如，单片机语音三极管放大倍数测量仪的研究与开发、基于 PCB 元件库编辑器的 PCB 元件创建方法的研究和基于 HPI 的 DSP 与 PC 通信设计等。

（4）现实生产和科研。

这类课题是企业和公司生产实践中迫切需要解决的问题，它们一般是工程型的课题，因而往往具有共同的特征，即都是"真刀真枪"的课题。这类课题对培养学生确立正确的设计理念、设计思路和设计方法，以及严肃认真和严谨求实的工作态度等都极为有益。因为学生可以通过毕业设计经历一个工程开发基本过程的完整训练，学会工程实践课题的开题方法、设计思路和技术路线的选择、参考文献的查找方法、开发方案的选定、系统制作和调试，以及一丝不苟的工作作风。学生可能学到成功的经验，也可能有一些失败的教训，对由于工作失误带来的损失也都会有切身感受。这类课题选择指导教师很重要，对于企业或公司而言，这类课题可以安排将要到该单位就业的学生去做。可以先做一个完整部分，待学生毕业后继续从事该课题的研究工作。这样对学生自身的进步提高、尽快熟悉了解工作单位的环境，以及方便日后工作开展很有帮助。例如，医院综合管理信息系统的设计与开发、某某公司财务信息系统开发与设计，以及某某城市智能交通系统仿真方法与研究等。

（5）研究性课题。

这类课题需要从理论上探讨专业学科中的一些问题，学生在指导教师的指导下大量地查阅文献资料，了解学科领域的新动态、新理论和新方法等，从而掌握新技术和新理论，消化吸收后写出较好的技术综述。其中可以包括重新论证已有的理论或技术，探索或创新这些理论和技术在新领域中的运用。即提出新的见解或实施方案，研究成果可能在相关学报上发表或申请专利。例如，深度学习算法在古陶瓷断源断代分析中的应用研究、下一代无线网络 QoS 研究与设计和移动健康监护系统设计等。

2. 依据课题的侧重点分类

毕业设计依据课题的侧重点大致可以分成以下 5 类。

（1）工程设计型。

这类课题指在正式开始某项工作之前，根据一定的目的求预先制定的方案或图样。其特点是根据给出的目的参考有关资料后能按照规定的技术指标设计工程图纸和编写软件，并在一定条件下可根据设计的图纸施工。例如，企业生产调度管理信息系统等。

（2）工程技术型。

这类课题有硬件设计和软件设计两种类型，硬件设计是以硬件实体来体现毕业设计的成果；软件设计则利用成熟的技术和产品完成工程技术要求的设计。这一类型的设计是根据毕业设计任务书中的指标要求在调研现场（或客观环境）、有关产品设备及仪表等之后通过计算落实到设备的选型配套、施工图纸的绘制、对施工要求及投资的说明上，最后写出设计报告，如某某学校局域网的设计与组建等。

（3）实验研究型。

这类题目包含探索和研讨性的内容，并且有待通过实验研究的手段揭示其内在的本质，从而科学地得出正确的结果。

实验研究型选题的范围和领域一般包括研究与探讨指导教师的科研项目或科研方向，以及新的理论和实际装置，也可包括研制新的实验设备装置及家用电工电子产品等。

（4）软件开发型。

这类题目围绕要求实现的功能编写出若干程序来体现设计成果，主要涉及数据库及管理系统、交换及通信网的软件系统和微处理器专用芯片的软件设计等。例如，图书管理系统的设计与实现和基于 B/S 的教学管理系统的设计与实现等。

（5）理论研究型。

理论研究型课题有时也称为"毕业论文"，具体可以分为两种，一种是以纯粹的抽象理论为研究对象，研究方法是严密的理论推导和数学计算。有的也涉及实验与观测，用于验证论点的正确性；另一种是以调查客观事物和现象、考察所得观测资料，以及有关文献资料数据为研究对象，研究方法是对有关资料进行分析、综合、概括和抽象，通过归纳、演绎和类比提出某种新的理论和新的见解，如深度学习算法研究等。

2.2　选题原则

要做好毕业设计，首先选题要恰当。为此必须明确选题原则。本科生在选择题目时，要体现综合性、实用性、先进性、量力性和可行性原则等，具体应该注意下列事项。

（1）专业需求是首位，创新发展是重点。

多数学生毕业后都将进入与在校所学专业有关的工作单位，那么在作为学生与职场人的关键转折时期，即毕业设计时选择有专业价值、技术含量高和有长远发展意义的课题都能使自己在事业的起点处于领先地位。如果有明确的就业志愿或者已经签约就业岗位，最好选择与就业方向相关的专业课题。

（2）兴趣是动力。

选择感兴趣的课题可以极大地激发自己研究的热情，充分调动个人的主观能动性和积极创造性，在解决专业难题时事半功倍。

（3）工作量适度，难度适宜。

毕业设计课题分配的原则是一人一题，个别大型课题允许多个学生在独立完成各自部分的基础上配合完成，即每个学生必须承担该大型课题的独立子课题。在保证满足毕业设计教学工作量要求的前提下可以尽量多做课题来锻炼和提高自己，但不能好高骛远，片面追求高、新、大和难的课题。根据自己的能力选择切实可行的课题，每个人的能力和知识结构不同，应该根据自己的优势和特长选择合适的毕业设计选题。毕业设计毕竟是有时间和能力限制的，合适的选题以在规定时间内经过努力能够独立完成毕业设计任务书要求的任务为宜。

（4）反复权衡，多做交流。慎重选择，切忌草率。

意向性选择课题以后应对该课题做初步的调研，如资料的可能占有度、设计所需的软硬件条件和技术参数的实现可能性等。与指导教师交谈对题目的理解和自己的生活学习情况，可以帮助确定是否合适做此课题。参考周围其他同学的设计课题，了解对自己完成课题有无启发和帮助。这些工作可以避免前期选题失误，又可以为下一步的详细调研奠定基础。在选题期限内一旦发现无法完成课题，应该立即调整或改选其他课题。

（5）衡量价值，体现成果。

毕业设计要有价值意义，最终能有成果体现最优。这就要求选题的重点应该放在前人没有专门研究过或虽已研究但尚无理想的结果，有待进一步的探讨和研究或是学术界有分歧，有必要深入研究探讨的课题。所选课题应有需求背景，针对实际和科学发展的需要，即应有实际效益或学术价值。课题的内容要有可行性，难易程度和工作量要适当，充分考虑到在一定时间内获得成果的可能性。

以上要求说明毕业设计题目不是给定的，而是研究得出的。只有在对所研究领域的过去和现有的研究资料等信息进行全面把握并深入分析的基础上，才能够确立满足以上原则的选题，从而为完成高质量的毕业设计奠定坚实的基础。无论是结合教师指定的已有科研任务的选题，还是自选课题，选题之前的"信息积累"与"发现问题"均是必须经历的过程。

2.3 选题注意事项

选择毕业设计的题目必须从毕业设计的目的和实际情况出发，充分考虑专业培养的目标要求、课程设置、学生的学习情况，以及学校的专业建设、科研和实验室建设的实际，有利于发挥学生在毕业设计中的主观能动性和创造精神。并综合运用所学理论知识，力求通过毕业设计提高学生的整体能力，因此在毕业设计过程的选题阶段要注意以下几点。

（1）宜小不宜大，宜窄不宜宽。

题目太大把握不住，难以深入，容易泛泛而论。因为大题目需要掌握大量的资料，不仅要有局部，还要有全局性的资料。不仅要有某一方面，还要有综合性的资料。而完成毕业设计的时间有限，要在短时间内完成大量的资料收集工作是比较困难的；另外，大学的几年学习对大多数学生来讲还只是掌握了一些基本理论，而要独立地研究和分析一些大问题还显得理论准备不足。再加上缺乏写作经验，对大量资料的处理往往驾驭不了，即容易造成资料堆积或过于散乱。

选定小题目有两种方式，一是直接选个小题目；二是在大题目中选定小的论证角度。例如，铁路客运站系统设计、铁路客运站站内信息系统设计和铁路客运站旅客订票系统设计 3 个题目，第 1 个题目显然太大，因为铁路客运站系统包含的内容十分广泛，如客运站站内系统、站外系统、旅客信息系统、工作人员人事系统和铁路调度系统等均包含在内。一个设计如果要涉及如此多的内容，则不容易做好；第 2 个题目比起第 1 个题目来要小一点，但站内系统包含的内容仍较复杂，作为毕业设计，做起来还嫌太大；第 3 个题目抓住了站内旅客订票这一侧面，角度小且针对性强，容易进行深入研究。

（2）难易适中。

毕业设计是本科阶段第一次，也是最后一次较大规模的综合训练。多数学生比较缺乏实践经验，如果选择题目过难，会使得面对课题无从下手，造成每一步都需要麻烦指导教师，即不能发挥主观能动性，最后导致自身锻炼不够且收获小，达不到毕业设计的锻炼目的。

若毕业设计题目过于简单，设计任务不饱满，则在大部分的时间内无事可做，同样达不到毕业设计锻炼的目的。

选题既要有"知难而进"的勇气和信心，又要有"量力而行"的自知之明。许多人在选择毕业设计题目时想通过毕业设计的实施将自己几年来的学习所得充分地反映出来，因此着眼于一些学术价值较高、角度较新和内容较奇的题目，这种敢想敢做的精神是值得肯定的。但是如果难度过大，超过了自己所能承担的范围，那么一旦开始很可能陷入中途而止的被动境地，从而迫使自己另起炉灶更换题目，这样不仅造成了时间和精力的浪费，也容易使自己失去自信心；反之自己具备了一定的能力和条件，却将设计题目选得过于容易，则不能反映自己的真实水平，而且也达不到通过毕业设计锻炼和提高自己的目的。

（3）充实薄弱环节。

每个毕业生不同程度地存在知识掌握不全面和不完整的情况，需要毕业后继续学习。但参加工作后学习条件往往比不上学校，继续学习会遇到不少的困难。毕业设计是大学本科学习的最后阶段，抓住最后一个学习机会，在毕业设计选题时可以有意识地针对自己学习上存在的薄弱环节选择课题，在指导教师的帮助下，利用毕业设计的有限时间充实自己所学的知识。

（4）提倡创新。

填补空白的新发现、新发明和新理论对于本科生几乎是高山仰止且可望不可即的奢望，但在以下几个方面还是可以达到的。

- 在继承基础上发展、完善和创新，创新离不开科学继承。有不少研究成果是在继承基础上发展起来的，继承基础上的发展也是一种创新。
- 在众说纷纭中提出独立见解。
- 推翻前人定论。
- 对已有资料做出创造性综合。
- 运用学科的基本原理对新问题做出新的解释和新的结论。

（5）考虑保障条件。

为保证毕业设计的顺利完成，对指导教师、图书资料、仪器设备和计算机软硬件等开展毕业设计的必要条件都应能给予满足。

随着市场经济的发展，大学毕业生就业已经放开，并实行双向选择，用人单位出于不同的目的，要求学生到本单位做毕业设计的情况越来越多。学生所去的单位必须具备必要的毕业设计条件，包括有合格的指导教师和基本的仪器设备等，以保证学生得到毕业设计的锻炼，离开本专业的毕业设计选题会给学生带来困难。

2.4　毕业设计任务书

在选定毕业设计课题后将从指导教师处获得毕业设计任务书，它是由指导教师根据课题拟定的设计文件，经过审核后下达给学生。其中一般包括毕业设计题目、设计内容、基本要求、设计条件及参考资料等，是师生进行毕业设计教学的主要依据。

毕业设计任务书中各项内容要求如下。

1. 毕业设计的内容

（1）题目。

（2）本课题的总体介绍。

（3）工作内容和基本要求。

（4）课题的具体任务和计划进度。

（5）推荐的参考文献。

2. 毕业设计的要求与数据

（1）学生必须掌握和运用的基本理论的要求，以及完成该课题必须重点研究、攻克的关键问题和理论，或在进行该课题过程中首先应该研究的问题和理论。

（2）针对研究方案的设计、研究方法和手段的运用提出要求。

（3）对完成课题内容的具体要求。

（4）课题中要完成的主要技术指标。

3. 毕业设计应完成的工作

（1）用英语撰写毕业设计的详细摘要和关键词。

（2）独立完成不少于 4 万个字符的专业外文文献的翻译工作。

（3）完成规定字数的毕业论文。

（4）各校、各系和各专业的其他要求完成的具体工作。

4. 毕业设计应收集的资料及主要参考文献

一般要求收集的指定参考文献数量大于 5 项，并指定一定数量的外文资料和参考文献。

5. 毕业设计所需的主要仪器设备

按照要求罗列毕业设计所需的主要仪器设备。

毕业设计任务书的格式示例见附录。

2.5　常见选题示例

1.　管理信息系统设计类

参考示例如下。

（1）基于移动平台的小区综合信息管理系统开发。

（2）基于校园网的试卷管理与试卷分析系统的设计与实现。

（3）高校学生科技竞赛信息管理系统开发。

（4）高校秋季运动会综合管理系统。

（5）大学生勤工助学管理系统。

（6）基于 MVC 模式的大学专业双向选择系统的设计与实现。

2.　软件设计类

参考示例如下。

（1）高校新生入学报到管理系统。

（2）"陶大"大学生奖学金评定系统。

（3）Android 平台小游戏开发——俄罗斯方块。

（4）基于 Webgl 的三维个性化装饰系统。

（5）基于 J2SE 的 PC 游戏开发——拼图游戏。

3.　网站规划与建设类

参考示例如下。

（1）基于 Web 的江西省儿童预防接种系统设计与实现。

（2）某某医院在线挂号系统。

（3）基于校园网的《大学计算机基础》实验教学管理系统的设计与实现。

（4）计算机应用基础微课平台设计与开发。

（5）基于 H5 的书法学习 Web APP 开发。

（6）基于校园网的试卷管理与试卷分析系统设计与实现。

4.　其他类

参考示例如下。

（1）陶瓷产品评价网。

（2）VR 云景环视。

（3）基于 Html5 "妆分享"的轻应用。

（4）社区医院电子病历系统。

（5）企业员工奖金管理系统的设计与实现。

第3章　参考文献

3.1　参考文献著录

3.1.1　著录原则

撰写毕业论文时，在其中提及参考他人的研究成果即为参考或引用，因为从科研的规律来讲，任何研究都不会凭空产生，一定要借鉴前人研究的基础。所以在论文中引用、参考和借鉴他人的研究成果是很正常的事情，而且也是必需的。它表明作者对与自身研究课题有关的国内外研究现状的了解程度，从中能够发现该课题目前的研究解决了哪些问题，还有哪些问题没有解决，哪些问题是急需解决的，哪些问题虽然重要，但目前解决不了，课题可能的前景是什么，这些可以说明作者站在怎样的一个高度并以什么作为研究的起点。如果没有一定的阅读量，则很难证明作者对本领域的研究动态的把握。因此如实地呈现参考文献，不仅表明作者对他人劳动成果的尊重与承认，也展示作者阅读量的大小。参考文献的著录原则如下。

（1）只著录最必要和最新的文献，著录的文献要精选，仅限于作者阅读并在论文中直接引用的文献，而且如果无特殊需要，不必罗列众所周知的教科书或某些陈旧史料。

（2）只著录公开发表的文献，即在国内外公开发行的报刊或正式出版的图书中发表的文献。在供内部交流的刊物上发表的文章和内部使用的资料，尤其是不宜公开的资料均不能作为参考文献引用。

（3）引用的论点必须准确无误，不能断章取义。

（4）采用规范化的著录格式，论文作者必须严格遵循已有的国际和国家标准。

（5）参考文献的著录方法根据 GB 7714—2005《文后参考文献著录规则》中的规定采用"顺序编码制"。

3.1.2　顺序编码制参考文献著录项目

顺序编码制参考文献著录的项目如下。

（1）主要责任者：指对文献的知识内容负主要责任的个人或团体，包括专著作者、论文集主编，学位申请人、专利申请人、报告撰写人、期刊文章作者和析出文章作者等。多个责任者之间以"，"分隔，责任者超过 3 人时只著录前 3 个，其后加"等"字（英文用 et al）。注意在本项数据中不得出现缩写点"."。主要责任者只列姓名，其后不加"著""编"或"合编"等责任说明文字。外文主要责任者用原著者，姓名前后应遵循各国的习惯。作者不明时此项可省略。

（2） 文献名及版本（初版省略）：文献名主要包括书名、论文题名、专利题名和析出题名等。文献名不加书名号《》。

（3） 文献类型及载体类型标识：根据 GB 3469—83 规定，以英文大写字母方式标识表 3-1～表 3-3 所示的各种参考文献类型。

表 3-1 常用文献类型单字母标识

参考文献类型	期刊	专著	论文集	学位论文	专利	技术标准	报纸	科技报告
标　识	J	M	C	D	P	S	N	R
对于专著、论文集中的析出文献，其文献类型标识建议采用单字母"A"；对于其他未说明的文章类型，建议采用单字母"Z"								

表 3-2 电子文献载体类型双字母标识

参考文献类型	磁带	磁盘	光盘	联机网络	数据库	计算机程序	电子公告
标　识	MT	DK	CD	OL	DB	CP	EB

电子文献载体类型的参考文献类型标识方法为[文献类型标识/载体类型标识]。

表 3-3 电子文献载体类型参考文献标识

参考文献类型	文献类型标识	英 文 名
联机网上数据库	[DB/OL]	data base online
磁带数据库	[DB/MT]	data base on magnetic tape
光盘图书	[M/CD]	monograph on CD-ROM
磁盘软件	[CP/DK]	computer program on disk
网上期刊	[J/OL]	serial online
网上电子公告	[EB/OL]	electronic bulletin board online

（4） 出版事项（出版地、出版者、出版年和卷期号等）：出版地指出版者的城市名，对于同名异地或不为人们所熟悉的城市，可在其名前附加省名、州名和国名等。如果出版者中包含了地名，则出版地不能省略，如"北京：北京大学出版社"，不能写成"北京大学出版社"；出版者为出版社名，可按来源的形式著录。也可以按公认的简化形式缩写形式著录，如 IRRI（原标识 International Rice Research Institute）；出版年采用公元纪年，并用阿拉伯数字著录。如遇其他纪年形式时，可将原有的纪年置于括号内，如 1705（康熙四十四年）。报纸和专利文献要著录出版日期，其形式为 YYYY-MM-DD。期刊的出版年份和卷号（期号）著录有 3 种形式，如 1980,92(2)：年，卷（期）；1985(4)：年（期）；

1987，5：年，卷。

（5）文献出处或电子文献可获得的地址。

（6）参考文献起止页码：参考文献的最末一项一般为"页码"，指引文所在的位置编码。应著录引文所在的起始页码或起止页码，如为起止页，则在两个数字之间用"-"号（原来用"～"号）连接，如 10-12。若论文中多次引用同一文献上的多处内容，则应依次著录相应的引文所在起始页码或起止页码，各次之间用"，"分隔。例如，1987：25-30，40，101-120。

3.1.3 文后参考文献编写格式

参考文献按在正文中出现的先后次序依次列表于文后，表中以"参考文献"居中排列作为标识。参考文献的序号左顶格，每一序号用数字加方括号表示。例如，[1]，[2]……，以与正文中的指示序号格式一致。当用"等"字表示省略作者时，"等"字前应有逗号。不管是顺序编码制，还是作者-出版年制，每条参考文献中都应著录文献类型标志（如[J]、[M]、[C]和[N]等）。每一参考文献条目的最后均以圆点"."结束，各类参考文献条目的编排格式及示例如下。

（1）期刊：著者．题名[J]．刊名．出版年，卷（期）：起止页码．

（2）专著：著者．书名[M]．版本（第一版不录）．出版地：出版者，出版年：起止页码．

（3）论文集：著者．题名．编者．论文集名[C]．出版地：出版者，出版年：起止页码．

（4）学位论文：著者．题名[D]．保存地点．保存单位．年份．

（5）专利：题名[P]．国别．专利文献种类．专利号．出版日期．

（6）技术标准：编号．标准名称[S]．

（7）报纸：著者．题名[N]．报纸名．出版日期（版次）．

（8）科技报告：著者．题名[R]．保存地点．年份．

（9）电子文献：著者．题名[电子文献类型标识/载体类型标识]．文献出处（出版者或可获得网址），发表或更新日期/引用日期（任选）．

（10）专著、论文集中的析出文献：论文著者．论文题名[A]．论文集编者（任选）．论文集题名[C]．出版地：出版者，出版年：起止页码．

（11）其他未说明的文献类型：著者．题名[Z]．出版地：出版者，出版年：起止页码．

（12）外文文献：引文及参考文献中的论文排序方式和中文文献基本相同。书名及刊名用斜体字，期刊文章题名用双引号。是否列出文献类型标识号及著作页码（论文必须列出首尾页码）可任选，出版年份一律列于句尾或页码之前（不用年份排序法）。外文文献一定要用外文原文表述（也可在原文题名之后的括号内附上中文译文），切忌仅用中文表达外文原义。

3.1.4　参考文献示例

示例如下。

（1）专著、论文集、学位论文、报告。

[序号]主要责任者.文献题名[文献类型标识].出版地：出版者，出版年.起止页码（任选）.

[1]　刘国钧，陈绍业，王凤翥. 图书馆目录[M]. 北京：高等教育出版社，2007.15-18.

[2]　辛希孟. 信息技术和信息服务国际研讨会论文集：A 集[C]. 北京：中国社会科学出版社，2014.

[3]　张筑生. 微分半动力系统的不变集[D]. 北京：北京大学数学系数学研究所，1983.

[4]　冯西桥. 核反应堆压力管道和压力容器的 LBB 分析[R]. 北京：清华大学核能技术设计研究院，2012.

[5]　Gill,R. Mastering English Literature[M] . London: Macmillan,2115.

（2）期刊文章。

[序号]主要责任者.文献题名[J].刊名，年，卷（期）：起止页码.

[6]　金显贺，王昌长，王忠东，等. 一种用于在线检测局部放电的数字滤波技术[J].清华大学学报（自然科学版），2013，33(4)：62-67.

[7]　Heider,E.R.& D.C.Oliver. The structure of color space in naming and memory of two languages [J]. Foreign Language Teaching and Research,2009(3)：62-67.

（3）论文集中的析出文献。

[序号]析出文献主要责任者.析出文献题名[A].原文献主要责任者（任选）.原文献题名[C].出版地：出版者，出版年.析出文献起止页码.

[8]　钟文发. 非线性规划在可燃毒物配置中的应用[A].赵玮.运筹学的理论和应用——中国运筹学会第五届大会论文集[C]. 西安：西安电子科技大学出版社，2016. 468-471.

[9]　Spivak,G. Can the Subaltern Speak?[A]. In C.Nelson & L. Grossberg(eds.). Victory in Limbo: Imigism [C]. Urbana: University of Illinois Press,2008,pp.271-313.

（4）报纸文章。

[序号]主要责任者.文献题名 [N].报纸名，出版日期（版次）.

[10] 谢希德. 创造学习的新思路 [N]. 人民日报，2008-12-25(10).

[11] French,W. Between Silences: A Voice from China[N]. Atlantic Weekly,2017-8-15（33）.

（5）国际和国家标准。

[序号]标准编号，标准名称[S].

[12] GB/T 16159-2016，汉语拼音正词法基本规则[S].

（6）专利。

[序号]专利所有者.专利题名[P].专利国别：专利号，出版日期

[13] 姜锡洲.一种温热外敷药制备方案[P]. 中国专利：881056073，2009-07-26

（7）电子文献。

[序号]主要责任者.电子文献题名[电子文献和载体类型标识].电子文献的出处或可获得的地址，发表或更新日期/引用日期（任选）.

[14] 万锦坤. 中国大学学报论文文摘（2013-2014）.英文版[DB/CD]. 北京：中国大百科全书出版社，2016.

（8）各种未定义类型的文献。

[序号]主要责任者.文献题名[Z].出版地：出版者，出版年.

（9）对于英文参考文献还应注意以下两点。

- 作者姓名采用姓在前名在后的原则，具体格式是姓,名字的首字母. 如 Malcolm Richard Cowley 应为 "Cowley,M.R.。如果有两位作者，则第 1 位作者方式不变，之后第 2 位作者名字的首字母放在前面，姓放在后面。例如，Frank Norris 与 Irving Gordon 应为 "Norris,F. & I.Gordon."。

- 书名和报刊名使用斜体字，如 "*Mastering English Literature, English Weekly.*"。

3.1.5 使用 Word 编写参考文献的技巧

使用 Word 编写参考文献时，可以采用插入 "脚注和尾注" 或 "插入交叉引用" 的方法来编写，这里以使用 Word 2010 插入交叉引用来实现参考文献编写为例，主要步骤如下。

（1）在编写参考文献的章节先输入引用的参考文献，如图 3.1 所示。

图 3.1　输入参考文献内容

（2）为输入的文献内容设置项目编号，单击如图 3.2 所示的 "编号" 下拉列表框中的 "定义新编号格式"，在弹出的 "定义新编号格式" 对话框中修改编号格式，这里修改为 "[1]"，在 "对齐方式" 列表框中选择 "左对齐" 选项，然后单击 "确定" 按钮，结果如图 3.2 所示。

图 3.2　设置参考文献

（3）　将参考文献的标注加到文中对应处，首先将光标定位到要插入引用的位置，然后选择"插入"|"交叉引用"选项，弹出"交叉引用"对话框。

（4）　选择引用类型为"编号项"，引用内容为"段落编号（无上下文）"，再在引用"哪一个编号项"对应的列表框中选中具体引用的编号项，

（5）　单击"插入"按钮，如图 3-2 所示。

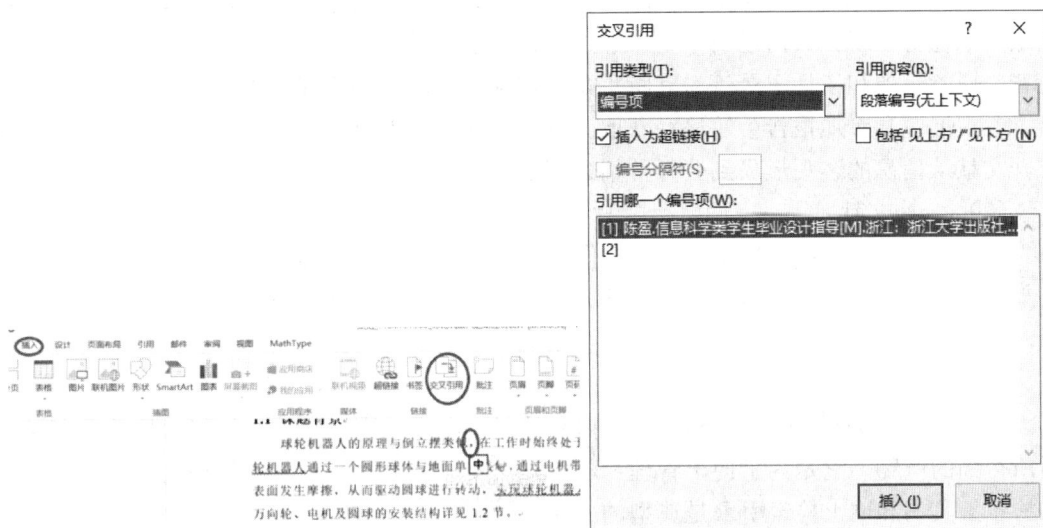

图 3.2　插入交叉引用

（6）　选中插入的编号"[1]"，然后选择"开始"|"上标"选项，得到上标形式的标注。

到此一个参考文献就编写完成了，重复上述步骤可不断地编写参考文献。

3.2　文献检索

3.2.1　定义

文献检索（Information Retrieval）是按一定方式组织和保存信息，并根据信息用户的需要找出有关信息的过程。

狭义检索（Retrieval）指依据一定的方法从已经组织的大量有关文献集合中查找并获取特定相关文献的过程。这里的文献集合不是通常所指的文献本身，而是关于文献的信息或文献的线索。

广义的检索包括信息的存储和检索两个过程（Storage and Retrieval）、信息存储是将大量无序的信息集中起来，根据信息源的外表特征和内容特征，经过整理、分类、浓缩、标引等处理，使其系统化、有序化，并按一定的技术要求建成一个具有检索功能的数据库或检索系统，供人们检索和利用；检索是指运用编制好的检索工具或检索系统查找出满足用户要求的特定信息的过程。

3.2.2　文献等级分类

文献等级分类如下。

（1）零次文献。

零次文献指未经正式发表或未形成正规载体的一种文献形式，如书信、手稿、会议记录和笔记等。现在其内涵引申为未经过任何加工的原始文献，如实验记录、手稿、原始录音、原始录像和谈话记录等，其特点是客观性，零散性和不成熟性。一般是通过口头交谈、参观展览和参加报告会等途径获取。它不仅在内容上有一定的价值，而且能弥补一般公开文献从信息的客观形成到公开传播之间费时甚多的弊病。

（2）一次文献。

一次文献（Primary Document）指作者以本人的研究成果为基本素材而创作或撰写的文献，忽略创作时是否参考或引用了他人的著作，以及以何种物质形式出现，均属一次文献。大部分期刊上发表的文章和在科技会议上发表的论文均属一次文献。

（3）二次文献。

二次文献（Secondary Document）指文献工作者对一次文献进行加工、提炼和压缩之后所得到的产物，它是为了便于管理和利用一次文献而编辑、出版和累积的工具性文献，如检索工具书和网上检索引擎是典型的二次文献。

（4）三次文献。

三次文献（Tertiary Document）指对有关的一次文献和二次文献进行广泛深入分析、研究、综合、概括而成的产物，如大百科全书、辞典和电子百科等。

3.2.3　文献检索语言

文献检索语言是一种人工语言，用于各种检索工具的编制和使用，并为检索系统提供一种统一，作为基准并用于信息交流的一种符号化或词语化的专用语言。

检索语言按原理可分为如下 3 大类。

（1）分类语言。

它将表达文献信息内容和检索课题的大量概念按其所属的学科性质进行分类和排列，成为基本反映通常科学知识分类体系的逻辑系统，并用号码（分类号）来表示概念及其在系统中的位置，甚至还表示概念与概念之间关系的检索语言。《中国图书馆图书分类法》是我国图书分类法的基础，其中图法把一切知识门类按"五分法"分为马列主义和毛泽东思想、哲学、社会科学、自然科学，以及综合性图书这 5 大部类，在此基础上建构成由 22 个大类组成的体系系列。

（2）主题语言。

主题语言指经过控制表达文献信息内容并需要规范的语词，主题词表是主题词语言的体现，其中的词作为文献内容的标识和查找文献的依据。

（3）关键词语言。

关键词语言指从文献内容中提取的关键词，这些词作为文献内容的标识和查找目录索引的依据。关键词不需要规范化，也不需要将关键词表作为标引和查找图书资料的工具。

3.2.4　文献检索途径

文献检索途径如下。

（1）著者途径。

许多检索系统备有著者索引和机构（机构著者或著者所在机构）索引，专利文献检索系统有专利权人索引，利用这些索引从著者、编者、译者、专利权人的姓名或机关团体名称字顺进行检索的途径统称为"著者途径"。一些检索系统中还提供按题名字顺检索的途径，如书名和刊名目录。例如，《物流技术》和《系统工程理论与实践》等。

（2）分类途径。

按学科分类体系来检索文献，这一途径以知识体系为中心分类排检。因此比较能体现学科系统性，并反映学科与事物的隶属、派生与平行的关系。从而便于我们从学科所属范围来查找文献资料，并且可以起到触类旁通的作用。从分类途经检索文献资料主要是利用分类目录和分类索引。

中国图书馆分类目录如表 3-1 所示。

表 3-1　中国图书馆分类目录

分 类 号	分类名称	分 类 号	分类名称
A	马克思主义、列宁主义、毛泽东思想和邓小平理论	N	自然科学总论
B	哲学和宗教	O	数理科学和化学
C	社会科学总论	P	天文学和地球科学
D	政治和法律	Q	生物科学
E	军事	R	医药和卫生
F	经济	S	农业科学
G	文化、科学、教育和体育	T	工业技术
H	语言和文字	U	交通运输
I	文学	V	航空和航天
J	艺术	X	环境科学和安全科学
K	历史和地理	Z	综合性图书

（3）主题途径。

主题途径通过反映文献资料内容的主题词来检索文献。由于可以集中反映一个主题的各方面文献资料，因而它便于读者对某一问题、事物和对象做全面系统的专题性研究，通过主题目录或索引即可查到同一主题各方面的文献资料。

（4）引文途径。

文献所附参考文献或引用文献是文献的外表特征之一，利用这种引文编制的索引系统称为"引文索引系统"。它提供从被引论文检索引用论文的一种途径，即引文途径。

（5）序号途径。

有些文献有特定的序号，如专利号、报告号、合同号、标准号、国际标准书号和刊号等，文献序号对于识别一定的文献具有明确、简短和唯一性特点，依此编成的各种序号索引可以提供按序号自身顺序检索文献信息的途径。

3.2.5　文献检索方法

文献检索方法如下。

（1）直接法。

直接法又称"常用法"，指直接利用检索系统（工具）检索文献信息的方法，它又分为顺查法、倒查法和抽查法。

- 顺查法：指按照时间顺序由远及近地利用检索系统检索文献信息的方法，这种方法能收集到某一课题的系统文献，它适用于较大课题的文献检索。
- 倒查法：由近及远，从新到旧逆时间顺序利用检索工具检索文献的方法。其重点是在近期文献上，使用这种方法可以最快地获得最新资料。
- 抽查法：指针对项目的特点选择有关该项目的文献信息最可能出现或最多出现的时间段，进而利用检索工具进行重点检索的方法。

（2）追溯法。

追溯法指不利用一般的检索系统，而利用文献后面所列的参考文献逐一追查原文（被引用文献），然后从这些原文后所列的参考文献目录逐一扩大文献信息范围，一环扣一环地追查下去的方法，它可以像滚雪球一样依据文献间的引用关系获得更好的检索结果。

（3）循环法。

循环法又称"分段法"或"综合法"，它分期交替使用直接法和追溯法，以期得到取长补短且相互配合而获得更好的检索结果。

3.2.6　计算机检索工具

计算机检索工具如下。

（1）SCI（Science Citation Index）。

SCI 是美国《科学引文索引》杂志的简称，创刊于 1961 年，是根据现代情报学家 Eugene Garfield 于 1953 年提出的引文思想而创立的（时至今日 Eugene Garfield 仍是 SCI 的主编之一）。SCI 由 ISI（Institute for Scientific Information Inc，美国科学情报所）出版，现为双月刊。

SCI 是一种国际性索引期刊，包括自然科学、生物、医学、农业、技术和行为科学等，主要侧重基础科学。所选用的刊物来源于 94 类、40 多个国家和 50 多种文字，这些国家主要有美国、英国、荷兰、德国、俄罗斯、法国、日本和加拿大等，其中也收录一定数量的中国刊物。

（2）EI。

EI 创刊于 1884 年，是美国工程信息公司（Engineering Information Inc.）出版的著名工程技术类综合性检索工具，其中收录的文献几乎涉及工程技术各个领域。例如，动力、电工、电子、自动控制、矿冶、金属工艺、机械制造、土建和水利等。

（3）ISTP。

ISTP 创刊于 1978 年，由美国科学情报研究所编辑出版。该索引收录生命科学、物理科学、化学科学，以及农业、生物和环境科学、工程技术和应用科学等学科的会议文献，包括一般性会议、座谈会、研究会、讨论会和发表会等。其中工程技术与应用科学类文献约占 35%，其他涉及学科基本与 SCI 相同。

上述的 SCI，EI，ISTP 等收录的论文，除有专门的网络系统提供检索外，还有GOOGLE 学术和 Elsevier ScienceDirect 等也可以作为文献检索的常用工具。

（4）中国知网。

世界银行于 1998 年提出国家知识基础设施（National Knowledge Infrastructure，NKI）的概念，中国知网（CNKI）工程是以实现全社会知识资源传播共享与增值利用为目标的信息化建设项目，由清华大学和清华同方发起，始于 1999 年 6 月。

（5）维普网。

维普网建立于 2000 年，其所依赖的《中文科技期刊数据库》是中国最大的数字期刊数据库。

3.3　阅读文献

论文写作非一日之功，要写出高水平的论文，前期一定要阅读大量文献，任何科研工作都是踏在前人的肩膀上向前行进的。一个刚入门的人以为可以抛开他人做过的一切而独创门派，这常常是一个非常幼稚的想法。学习文献是一种传承，通过学习研究现有资料可以看清学科领域的发展趋势，为自己的科研工作打下牢固的基础。文献阅读可将他人的知识积累转化成自己的知识。

阅读文献应该是一个由点到面再到点的过程，根据自己课题的研究对象检索较全的文献，了解目前对这个专题的共同看法和分歧。然后逐步扩展自己的视野，构建个人的专业知识结构。有了一定的知识基础以后对于繁杂的文献要有个人的判断，追踪某个专题或某个专家的研究进展并比较对于同一专题论点的发展。从而掌握其新的方法或新结论，或注意作者观点的改变，然后根据自己的兴趣和工作进展逐步仔细阅读新的文献。

3.3.1　阅读文献的意义

阅读文献的意义如下。

（1）科研成果多是以文献形式记载并得到学术界的认可。

（2）医学文献是提供医学科研和临床实践借鉴与交流的重要载体。

（3）科研人员在科研过程中都要通过文献查询了解课题的相关信息。

（4）阅读文献是为了达到自己的长处与社会需要发生共振的效果，学习他人的成果也是理解自身长处的过程。

（5）阅读文献不单纯是为了学习知识，更重要的目的是掌握知识产生的过程，逐步提高学术鉴赏能力。

（6）阅读文献是科研工作中追踪专题最新进展的基本方法。

3.3.2　阅读文献的注意事项

阅读文献的注意事项如下。

（1）给自己一个阅读的动力。

阅读文献往往是为了解决问题，带着兴趣阅读要比每天固定的阅读习惯效果好很多。如果没有定下研究课题目标，为了寻找点子可以养成每天阅读的习惯，看的文献越多越好。如果每天都能从阅读文献中学习几点可取之处，那么看得越多个人的水平提高得越快，阅读时多想几个为什么就会拥有更多的内在阅读动力。

（2）带着批判的眼光阅读。

阅读文献时采用审稿人挑剔的眼光找出其中有哪些可取之处，不要盲目崇拜发表在杂志上的文章，有些事情自己做做就会发现不对之处。要抓重点并找思路，主要学习他人的思想，尽信书不如无书。如果在研究条件不如人时没有创新思想和独到的研究方案，则不可能超越他人而成功。

（3）多读原创文献。

原创文献再次出现的概率大，有助于理解后面的研究进展。对于从事领域的重点杂志应该认真阅读每一期的每一篇，然后筛选重点重复阅读。特别要注意文章后面的参考文献，可以用回顾性方法查找该专题的初始及奠基性文章，而且被引用次数越多的文献越重要。可以通过搜索参考文献的作者和期刊目次找到更多该领域的文章，由点到面。对于自己感兴趣的问题，不仅要看原文献，还要看参考文献，一般追踪几篇文献后也就大概知道需要了解的问题了。

（4）做好笔记。

好记性不如烂笔头，阅读文献过程中的点滴发现和思想火花都应该记下，在写论文时都是现成材料。pdf 或 html 格式的文献可以用编辑器标亮或改变文字颜色，这是避免时间浪费的又一重要手段；否则等于未阅读，适当地借助软件工具帮助管理文献可以达到事半功倍的效果。

3.3.3　阅读文献技巧

阅读文献时首先阅读摘要、引言的最后部分和结论，因为在这几个部分中作者大致介绍研究目的、内容和结果，在最后结论部分有些也和摘要中的内容重合。这几个部分一般都比较短，阅读花费的时间也很少。但是可以对整篇论文有一个清晰的轮廓，为进一步读正文打下基础。对应该重点阅读的内容做到心中有数，如果清楚论文提到的结论，则不必继续阅读；否则要继续阅读论文的分析与讨论部分，这是一篇论文的重点和难点，一般应借助实验结果中的图表来帮助理解（图和表是论文的精华之处，如果图表能看懂，则也就明白论文了；否则认真阅读论文中与图片对应的文字和说明）。首先看清楚图表，考虑如何分析，然后阅读作者的分析与讨论会更容易理解。一般来说，不必阅读论文中的实验材料与方法部分，只需大体上了解作者采用的是何种实验方法，以及所具备的实验条件即可。

第4章 外文翻译和文献综述

4.1 外文翻译要求和技巧

在翻译外文时要做到翻译后的文章忠实于原文，即能准确传达原文的内容。译文要求语句通畅、有文采、文字典雅且注重修辞，这里的外文主要以英文为主。通常段落中的各句子之间都有内在的逻辑关系，翻译时要准确地表现这些关系，译文才能清楚地传达原文的意思。英文翻译的两个重点即词汇和句子，所以翻译时主要是针对词义和句子结构进行的。

4.1.1 词汇方面

在翻译词汇方面的技巧如下。

（1）词义选择。

大多数英语词汇是多义的，翻译时必须选择正确的词义，选择的方法为根据上下文和词的搭配，以及词类和专业选择。

（2）词义转换。

在理解英文词汇的原始意义基础上，翻译时可根据汉语习惯按引伸词义译出或用反义词语译出，即所谓的正文反译和反文正译。

（3）词类转换。

英语中很多由动词转化而成的名词、以及动名词和非谓语动词等，在翻译时可将它们转换为动词。

（4）补词。

补词指原文已有某种含义但未用词汇直接表达，译文中需补充这些含义，这样才更通顺易读。例如，英语中数词与名词之间没有量词，而译成汉语时可酌情增加。

（5）省略。

省略指只要不影响意义的完整，原文中某些词在译文中省略不译。如汉语的量词在译成英语时可以省略；而英语中大量使用的物主代词则汉语中往往省略不用。

（6）并列与重复。

英语在表达重复含义的并列结构中常采用共享、替代和转换等形式来避免重复，而汉语却常常有意重复表达以加强文字的力度。例如，英语的物主代词替代前面的名词，以及短语动词只重复介词而省略主动词，汉译时可考虑重复表达。

4.1.2　句子结构方面

句子结构方面的翻译技巧主要有语序类、组合类和转换类，这 3 种语序类的翻译方法主要是由于英语与汉语的用语习惯不同，因此需要对从句和限定词的位置进行语序调整。

（1）语序类。

- 顺译法与逆译法。

关于英语中句子的顺序，其时间状语可前可后。不仅如此，英语在表达结果、条件和说明等定语和状语从句也很灵活，既可以先述，也可以后述。而汉语表达往往按时间或逻辑顺序进行，因此顺译法或逆译法都是为了保持与汉语的习惯相一致。如果英语表达与汉语一致，则顺译；否则逆译。

- 前置法。

英语中较短的限定性定语从句和表明身份特征等的同位语在译成汉语时往往可以提到先行词（中心词）的前面。

- 分起总叙与总起分叙。

长句子和句子嵌套现象在英语中比较普遍，这是因为英语的连词、关系代词和关系副词等虚词比较灵活，生成能力强，可构成并列句、复合句，以及它们的组合形式。嵌套罗列而成的英语长句确实给理解和翻译都带来了一定困难，但是可以提炼成一个主干和由若干定语从句和状语从句等构成的说明部分，然后根据句子阐述的内容和汉语的思维习惯采用分起总叙或总起分叙翻译法翻译即可。总起分叙首先翻译句子的主干，然后分别翻译其他说明部分，即先归纳后叙述；分起总叙则先叙述后总结。

- 归纳法（综合法）。

对于个别英语语言呈跳跃性和蒙太奇性的长句，译者需要进行"综合治理"，重新组合。即体会"翻译是再创造"这句话的含义，归纳而成明明白白的佳译。

（2）组合类。

- 分句法。

有些句子由于联系词的联系造成在形式上是一个句子，但是其中许多成分的意义是独立的。此时完全可以将其断开为多个短句，断开的位置一般可选在这些联系词处。联系词通常为关系代词、关系副词、独立副词和伴随动词等。

- 合句法。

形式上为两个句子或多个句子，但意思紧密相关。只要译文不显得冗长，则可以合译成一个句子。如主语的简单句和并列句可合成一个句子的并列成分，较短的定语从句和状语从句可由从句缩成主句的修饰成分等。

（3）转换类。

- 句子成分的转换。

句子成分的转换主要是由译文中动词与名词的搭配关系改变了它们在原文中的语法关系引起的。

- 被动语态的转换。

一些被动语态句子可以按顺译法直译，但大多数需要做一番转换才能使译文更加汉语化，这是汉语较少使用被动语态的缘故。被动语态的改译常用 3 种方法，一是还原成主动句，即将 by 后的动作发出者还原成主语，增加"人们"或"我们"等原文省略的动作发出者；二是构造成主动句，即使用把、由、使、让和给等词译成主动句；三是转化成被动句，即通过选择汉语译文的动词将原文动词的承受者（即主语）转变成汉语中动词动作的发出者（仍然为主语）。

4.2 选择外文资料

对于毕业设计中的外文翻译，如果指导教师未提供明确的要翻译的外文文献，则需要学生选择。要求选择的外文文献必须与毕业设计的题目有很好的相关性，而且必须是正式公开发表的期刊论文、论文集论文或专利等。

4.3 外文翻译工具

据统计有高达 73.7%的中国网民依靠在线翻译工具来进行英文翻译类的活动，并且使用在线翻译服务的用户正在不断增长当中。如今各类型翻译软件层出不穷，本节介绍几款目前使用率较高的翻译工具。

4.3.1 有道词典

有道在线翻译的网址为 http://fanyi.youdao.com，有道词典囊括了互联网上的流行词汇与海量例句，集成中、英、日、韩和法等多语种专业词典，随时切换语言环境即可快速翻译所需内容。其网页版还支持中、英、日、韩、法、西和俄等 7 种语言互译。新增的图解词典和百科功能提供了一站式知识查询平台，能够有效帮助用户理解记忆新单词，而单词本功能更是让用户可以随时随地导入词库记忆单词。

有道在线的翻译界面如图 4-1 所示。

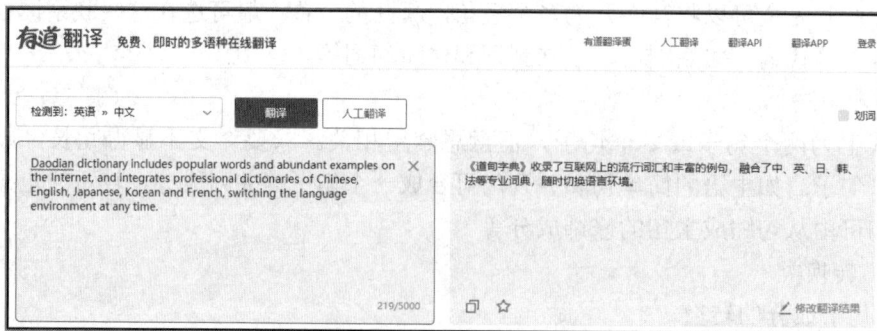

图 4-1 有道在线的翻译界面

4.3.2　谷歌翻译

谷歌在线的翻译网址为 https://translate.google.cn，谷歌翻译可提供 80 种语言之间的即时翻译，并支持任意两种语言之间的字词、句子和网页翻译。可分析的人工翻译文档越多，译文的质量就会越高。谷歌翻译生成译义时会在数百万篇文档中查找多种模式，以便决定最佳翻译。该工具通过在经过人工翻译的文档中检测多种模式进行合理的猜测，然后得出适当的结果，这种在大量文本中查找各种范例的过程称为"统计机器翻译"。

谷歌在线的翻译界面如图 4-2 所示。

图 4-2　谷歌在线的翻译界面

4.3.3　百度翻译

百度在线翻译的网址为 http://fanyi.baidu.com，它支持全球 28 种热门语言的互译，覆盖 756 个翻译方向。该工具拥有网页版和手机 APP 等多种产品形态，并针对开发者提供开放云接口服务，日均响应上亿次翻译请求。除文本翻译外，结合用户多样性的翻译需求，推出了网页翻译、网络释义、海量例句、权威词典、离线翻译、语音翻译、对话翻译、实用口语、拍照翻译、AR 翻译和趣味配音等功能；同时还为对译文质量要求较高的用户提供人工翻译服务，让用户畅享每一次翻译体验。

图 4-3 所示为百度在线的翻译界面。

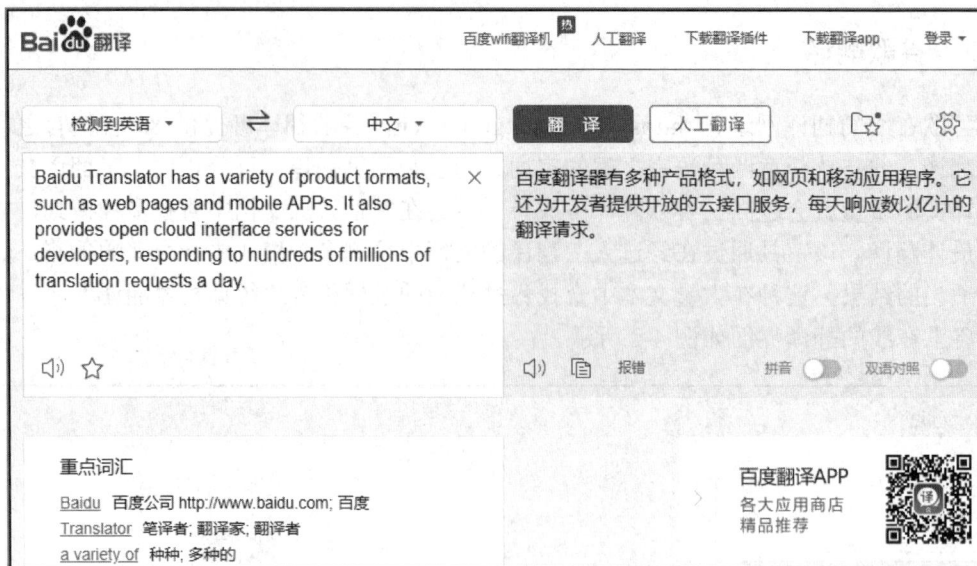

图 4-3　百度在线的翻译界面

4.3.4　爱词霸翻译

爱词霸的在线翻译网址为 http://fy.iciba.com，它提供在线翻译和英语学习。其版权属于金山公司，相当于网络版金山词霸，特点是使用方便且速度快。爱词霸是致力于英语学习交流和及时反馈英语相关问题的社区，在覆盖的主要用户群中，年龄在 18～35 岁之间并具有大专或本科学历的学生或公司职员构成了它的主体。

图 4-4 所示为爱词霸的在线翻译界面。

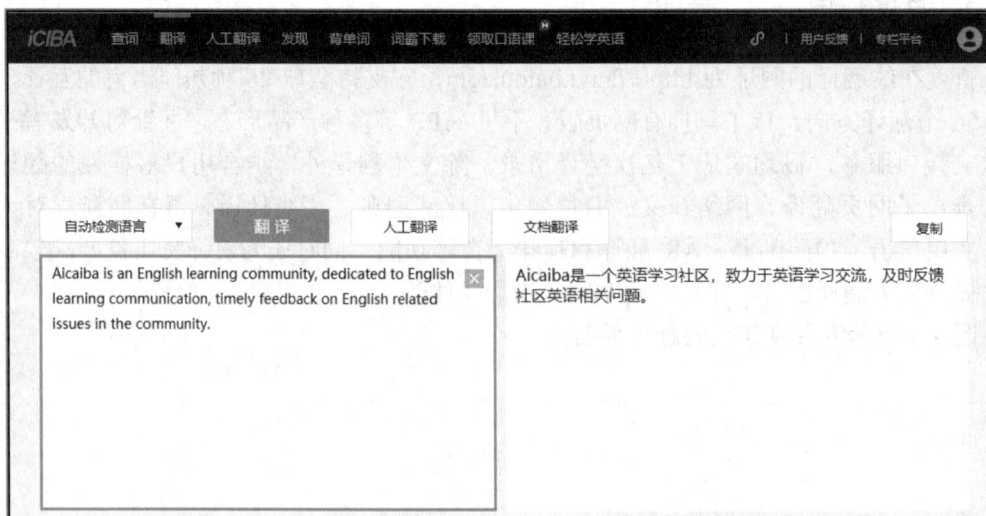

图 4-4　爱词霸的在线翻译界面

4.4　文献综述

4.4.1　概念

文献综述是学生在开题前阅读过某一主题的文献，然后经过理解、整理、融会贯通、综合分析和评价而写成的一种不同于研究论文的文体。其中反映某一课题的新水平、新动态、新技术和新发现，从其历史到现状存在问题和发展趋势等都要进行全面介绍和评论。在此基础上提出个人的见解，并预测技术的发展趋势，从而为开题奠定良好的基础。

4.4.2　功能

撰写本科毕业设计论文需要做好一些基础性的工作，一是要了解前人关于这一课题研究的基本情况。研究工作的根本特点就是要有创造性，而不是重复他人走过的路。熟悉前人对本课题的研究情况可以避免重复研究的无效劳动，从而站在前人的基础上从事更高层次和更有价值的研究；二是要掌握与课题相关的基础理论知识，理论基础扎实研究工作才能有一个坚实的基础。否则很难深入研究下去，更不会有任何创造性。上述两项工作在文献综述中得到了充分的体现，文献综述是由学生通过系统地查阅与所选课题相关的国内外文献进行搜集、整理和加工撰写而成的综合性叙述和评价的文章。其中要较全面地反映与本课题直接相关的国内外研究成果，特别是近年来的最新成果和研究趋势，也要指出该课题所需要进一步解决的问题。通过文献综述对中外研究成果的比较和评价，不仅可以进一步阐明本课题选题的意义，还可以为本课题组织材料和形成观点奠定基础。

文献综述的写作是本科学生毕业设计创作中一次重要的研究实践活动，能反映学生多方面的能力，其中主要是中外文献阅读和综合分析能力。

4.4.3　要求

文献综述的要求如下。

（1）应系统地查阅与课题内容有关的国内外文献，通常不应少于 20 篇。

（2）在文献综述中应说明课题的发展历史、前人的主要研究成果、存在的问题及发展趋势等。

（3）条理清晰，文字通顺简练。

（4）文献引用恰当且合理并用方括号（[ ]）括起置于引用词的右上角。

（5）一定要有个人的观点和见解。

4.4.4　结构

文献综述介绍与主题有关的详细资料、动态、进展、展望，以及对以上方面的评述，其格式相对多样。总的来说，一般都包含如下 4 个部分。撰写文献综述时可按这 4 个部分拟写提纲，然后根据提纲撰写。

（1）前言部分。

该部分主要是说明写作的目的，介绍有关概念及定义，以及综述的范围。并且扼要说明有关主题的现状或争论焦点，使读者对全文要叙述的问题有一个初步的认识。

（2）主题部分。

该部分是综述的主体，其写法多样，没有固定的格式。可按年代顺序或不同的问题进行综述，还可按不同观点进行比较综述。无论用哪一种格式，都要将所搜集到的文献资料归纳、整理及分析比较，阐明有关主题的历史背景、现状和发展方向，以及对这些问题的评述。主题部分应特别注意引用和评述代表性强、具有科学性和创造性的文献。

（3）总结部分。

该部分扼要总结全文主题，提出个人的见解并对进一步的发展方向做出预测。

（4）参考文献。

参考文献不仅表示对被引用文献作者的尊重及引用文献的依据，而且也为评审者审查提供查找线索。参考文献的编排应条目清楚，查找方便，内容准确无误。

4.4.5　注意事项

在撰写文献综述时应注意以下事项。

（1）掌握全面和大量的文献资料是写好文献综述的前提。

（2）在搜集到的文献中可能出现观点雷同，有的文献在可靠性及科学性方面存在差异，因此在引用文献时应注意选用代表性、可靠性和科学性较好的文献。

（3）引用文献要忠实文献内容，由于文献综述有作者自己的评论分析，因此在撰写时应分清作者的观点和文献的内容。

（4）绝对不能省略参考文献，而且应是文中引用过，能反映主题全貌并且是作者直接阅读过的文献资料。

4.4.6　评分表

文献综述评分表如表 4-1 所示。

表 4-1 文献综述评分表

学生姓名 _____ 文献综述完成时间 ____ 年 ____ 月

文献综述中引用文献情况（学生填写）：

文献总数 ____ 篇（部），其中：

中文 ____ 篇（部），英文 ____ 篇（部），其他语种 ____ 篇（部）

期刊论文 ____ 篇，教材著作 ____ 部，其他文献 ____ 篇（部）

文献时间跨度 ____ 年 ～ ____ 年

（以下两栏由教师填写）

序号	评 分 内 容	满分	实际得分
1	是否全面收集了有关的文献资料	15	
2	是否充分介绍了与本人工作内容相关的研究开发的历史与现状，有无重大遗漏	20	
3	是否科学地评价已有的学术观点、理论和方法	20	
4	是否在已有成果的基础上阐明本人的观点	15	
5	是否能预示今后可能的发展趋势及研究方向	10	
6	行文是否流畅，综述能力如何	20	
总 分		100	

评语

评分等级

指导教师（签名）

年 月 日

第5章 开题报告

开题报告是在学生接到教师下达毕业设计任务书后撰写的概括反映课题准备情况，以及进度计划的一种表格式文书，它应在导师指导下由学生撰写并经指导教师签署意见报学院审定后生效。

在本科生教育的整个过程中学位论文质量的高低是衡量本科生培养质量的重要标志，而论文质量的高低很大程度上取决于论文开题报告的细致程度。论文开题报告写得细致，前期虽然花费的时间较多，但写论文时就会很顺手，从而保证论文在规定的时间保质保量地完成；反之，如果不重视开题报告，就会没有目标、方向和思路。即可能多走弯路，很难保证毕业论文的质量。

写好开题报告要了解其基本结构与写法，还是要做好很多基础性工作。首先我们要了解他人在这一领域研究的基本情况，这样才不会重复他人走过的路，而会在他人研究的基础上从事更高层次和更有价值的研究；其次我们要掌握与课题相关的基础理论知识，一定要多方面地收集资料并加强理论学习。这样我们写报告和方案时才能更有把握，更科学且更完善。

5.1 意义

开题报告既是文献调研的聚焦点，又是学位论文研究工作展开的散射点，对研究工作起到定位作用。写开题报告的目的是请教师及专家帮助判断所研究的课题有没有价值、研究方法是否奏效，以及论证逻辑有没有明显缺陷。因此开题报告就要围绕研究的主要内容、拟解决的主要问题（或阐述的主要观点）、研究步骤、方法及措施为主要内容，开题报告将作为毕业论文答辩委员会审查学生答辩资格的依据材料之一。

5.2 内容

开题报告的主要内容一般包括课题来源、意义及依据、相关国内外研究现状、研究内容、关键技术、最终目标和成果形式、技术路线、实验条件、可能存在的困难和解决方法，以及计划和总结等。开题报告的目的是提出问题，而不是解决问题，因此必须透彻理解课题研究内容及意义。开题报告不必过长，重点讲清楚课题研究的大致思路、拟解决的关键问题和课题研究的意义等，具体内容如下。

（1）课题来源。

开题报告中首先必须明确课题来源，如结合各自单位的工作或本地区的实际情况选择的课题题目。也可以承担导师现有课题或子课题，或根据导师研究方向进行先期研究并设计实现。

（2）课题意义及依据。

课题意义即简要概述课题的价值和可以应用的领域，如果是理论研究，则应重点说明理论价值。

课题依据包括理论研究，即取得一定研究成果（学术论文支持），并将其成果应用于工程实践，以及无理论研究，但有较大工程工作量的课题。

（3）与课题相关的国内外研究现状。

通过阅读国内外相关技术资料和论文充分了解所选题目相关领域国内外的发展状况，找到课题的立足点。必须陈述课题的现状，但是要概括。如果为一般的应用系统开发，则必须调研现有系统，并说明这些系统的特点和不足，以及本课题与这些已有系统的区别与联系。

（4）课题研究内容。

课题研究内容必须明确和具体，以精炼语言说明课题的主要研究内容，具体研究内容最好以列表方式呈现。如果为软件系统开发，研究内容可能包括软件架构、课题中的关键技术、功能模块、处理流程和安全保障等；如果为硬件开发，则可包括原理图、加工工艺、板卡测试与调试等；如果为理论研究，则可包括理论关键点、算法、算法复杂度分析、算法仿真分析和拟解决的关键问题等。

（5）关键技术。

从技术的角度描述完成课题所涉及的关键技术。

（6）最终目标和成果形式。

最终目标要用简短的文字描述清楚，最好控制在 100 字以内。其中应包括成果的表现形式，如原型机、软件系统、论文、设计报告和研究报告等。

（7）技术路线。

技术路线主要是说明采用何种方案来完成研究内容，并说明完成的可行性，可以用技术路线图来直观地表示。

（8）工作的实验条件。

工作的实验条件描述为了完成课题所需要的实验环境、编程语言、操作系统和数据库等，必须说明这些实验条件是否具备。例如，编程语言和编程工具是否已经熟练掌握？数据库系统是否已经熟悉？

（9）可能遇到的困难和解决办法。

描述工作过程中可能存在的困难，并尽可能提出应对措施。

（10）工作计划。

工作计划一般包含文献阅读和科学调研、方案论证、系统实现、实验和撰写论文等步骤。从开题到答辩一般为一年到一年半左右，在工作计划中要具体说明完成上述内容的时间安排，如表 5-1 所示。

表 5-1　工作计划

序　　号	起止时间	研究开发内容
1	如 2007.2.1～2007.3.15	如文献阅读和科学调研
2		
3		
4		
5		

5.3　制作开题报告 PPT

开题报告陈述要简练，对开题指导教师提出的建议及问题一般不需要解释，而是尽可能记录并在工作过程中高度重视。开题报告必须在公开报告前提交给导师及导师组，其陈述时间必须控制在 10～15 分钟。PPT 汇报的内容要根据开题报告内容来准备，具体内容可参考图 5-1 所示的开题报告 PPT 大纲示例。

图 5-1　开题报告 PPT 大纲示例

5.4 开题报告表

开题报告表如 5-2 所示。

表 5-2 开题报告表

某某大学某某学院

本科生毕业论文（设计）开题报告

论文题目			
学生姓名		学号	
学院		专业班级	
指导教师		职称、学历	
1. 选题的目的、意义、理由和依据			
2. 国内外研究现状及发展状况（含文献综述，可另附页）			
3. 本课题的研究内容、研究方法及进度安排			
4. 本课题的重点，难点，预期结果及成果形式			
5. 指导教师意见 指导教师签名： 年　月　日			
6. 教研室意见 教研室主任签名： 年　月　日			

5.5　开题报告评分表

开题报告评分表如表 5-3 所示。

表 5-3　开题报告评分表

学生姓名	开题报告完成时间　年　月			

开题报告主要内容（学生填写）

主要工作内容：

主要技术方案：

预期结果：

（以下两栏由教师填写）

序号	评分内容	满分	实际得分
1	课题研究开发的意义	10	
2	国内外研究现状分析	10	
3	研究开发目标、内容和拟采用的关键技术	20	
4	拟采取的研究方法、技术路线及可行性分析	20	
5	预期研究开发成果	10	
6	研究开发计划及预期进展	10	
7	参考文献代表性与标注规范性	10	
8	语言的通顺性和逻辑性	10	
总　分		100	

评语

评分等级

指导教师（签名）

　年　　月　　日

第6章 毕 业 设 计

　　毕业设计指的是毕业生对选定的毕业设计课题进行分析、设计并实现的过程。对于信息科学类毕业生，这是毕业设计整个环节中最为关键的一环，占有非常重要的地位，其质量的优劣与毕业生通过 3 年多的学习掌握的理论与实践知识，以及综合应用所学知识解决实际问题的能力密切相关。对毕业生而言，这既是一个学习的过程，也是一个实践的过程。其最终成果是毕业生理解所学本专业知识的深度与广度、掌握的知识面（部分毕业设计课题需要行业领域的知识），以及综合应用知识能力和文字表达能力等综合能力的展现。而在本阶段的工作中毕业设计方案的合理性、功能设计与实现的完整性等都将直接影响最终完成的质量，是后期完成毕业论文写作的重要依据，也是毕业生能否顺利完成毕业答辩和取得学士学位的关键环节。

　　本章从毕业设计的具体要求、详细过程和注意事项 3 个方面分析讲解毕业设计的实现，并通过部分具体实例对毕业设计的详细过程进行阐述，后续章节也提供了较为完整的毕业论文实例供读者进一步了解毕业设计环节的具体工作。

6.1　具体要求

6.1.1　工作准则

　　在毕业设计之前毕业生首先要确认已经圆满完成相应的工作（各高校的具体要求会略有不同），包括选定了毕业设计课题、收集了课题相关的中外文文献资料、完成了外文翻译及文献综述工作、撰写了开题报告（需得到指导教师的确认），以及收到了指导教师下发的毕业设计任务书（特别需要重点关注其中的主要研究内容和设计技术参数、基本要求，以及成果要求等细节，并注意根据提出的工作进度计划合理开展工作）。之后需进一步明确已经全面了解了与本课题相关的当前技术现状并明确本课题的研究意义方能着手开展毕业设计工作。毕业生在毕业设计的整个环节中一定要积极主动地与指导教师保持及时有效的沟通与交流，让自己少走弯路，并且也能在关键时间节点及关键问题上获得指导教师的帮助。毕业设计的具体工作准则如下。

　　（1）要明确所选毕业设计课题的类型，并通过与指导教师的沟通制定切实可行的研究方案。

（2）　在分析和设计没有得到指导教师确认之前不要提前开始实现或实验工作。

（3）　在没有制定切实可行的技术路线或技术方案之前不要研究具体流程的实现算法或技术等，如果已经选定要用到的编程工具，可以提前学习并尽快掌握其使用方法。

（4）　要对软件工程传统方法学的思想有充分的认知和理解，明确没有正确的分析和设计所进行的提前编程实现工作是徒劳的。

6.1.2　明确毕业设计课题的类型

毕业设计既是毕业生在校期间最后一项实践教学环节，也是一项创造性劳动。不但要求毕业生有个人的见解，而且可能需要一些客观条件的支撑。因此在选定毕业设计课题之后要明确该课题的类型，如工程设计型、理论研究型、以及硬件或者软件设计型课题等。毕业设计课题的类型不同，所采用的研究与实现的方式方法有所差异。本章接下来的所述内容主要针对有共性的软件和工程设计型课题而展开，对选择了其他类型课题的读者也具有一定的指导和借鉴意义。读者也可参阅其他相关书籍，在本书第 10 章中提供了一篇理论类的毕业论文和两篇设计类的毕业论文供读者参考。

6.1.3　明确毕业设计拟采用的方法与技术

在拿到指导教师下达的毕业设计任务书以后毕业生要重点关注其中的主要研究内容并设计技术参数和基本要求（含成果要求）等细节。如果在任务书中已经明确了拟采用的方法与技术（如该课题是科研或实际应用中课题的一部分），则毕业生直接根据要求开展工作即可。

对于尚未明确要求拟采用的方法与技术的毕业设计而言，毕业生要结合自身实际情况适当参考借鉴已有的技术和研究成果，并提出最终切实可行的解决方案。对方法和技术的描述要简单且清晰，并据此进行技术可行性分析；对算法的描述要标明算法编号、算法名称、引用标识和参数、输入、输出，以及步骤等（可用自然语言或伪代码进行，但不能出现具体的程序代码），算法要进行时间复杂性和空间复杂性的性能分析。

6.1.4　明确拟采用的实现方案

要在与指导教师沟通以后设计具体的实现方案，对拟采用的实现方案中的算法实现或原型系统（或工具）进行简要描述。原型系统（或工具）要给出名称、体系结构、功能、第三方 API、开发平台与工具，以及拟采用的技术等，征求并得到指导教师的认可方能开展后续工作，以避免做不必要的无用功并据此进一步修改完善毕业论文中有关技术可行性的章节。

6.1.5　明确拟采用的实验方案

毕业生要设计课题的实验方案，并在设计和确认方案的过程中与指导教师进行有效沟通与交流。如果是本章所述的软件和工程设计型课题，则实验方案主要是编码工作。结合具体情况对实验数据的来源或者自行设计的数据进行描述，对本实验方案中的方法进行有效性验证，并对本实验方案中的方法与现有的方法进行对比分析。描述拟采用的实验方案，以及该方案预期的实验结果。

6.2　毕业设计的详细过程

针对具有共性的软件和工程设计型毕业设计课题，毕业设计的详细过程主要是按照软件工程传统方法学的思想，以及科研项目的具体要求进行。这两种类型主要适用于信息科学类毕业生选择的毕业设计课题，如信息管理系统或应用软件的设计与开发、网站的设计与制作、基于计算机外围设备的软件设计与开发、移动终端 APP 的设计与开发、嵌入式软件的设计与开发和 WebAPP 的设计与开发等。但不同类型或者不同应用场景下的设计内容和具体步骤等会有所不同，而且随着用户需求的变化在毕业设计过程中可能存在迭代的过程。受篇幅所限，本章描述的并非毕业设计环节中的所有过程，而是对关键步骤进行阐述，部分未涉及的分析设计环节及其相关描述方法与工具读者可以自行参考软件工程（特别是传统方法学）等方面的相关书籍。

6.2.1　任务描述

通过前期的文献阅读、外文翻译及文献综述和开题报告等环节，毕业生应该对所选的毕业设计课题有了较为清晰的认知。进入设计阶段需要在前期工作的基础之上结合对用户的调研分析，进一步明确课题的研究背景和研究意义，并对课题的研究任务进行准确描述，在对项目用户的调研分析的基础上概述系统的现状和用户要求。

1.　研究背景

通过查阅相关文献资料，并结合所选课题的实际，根据调研分析，撰写课题研究背景。下面以"三宝村平安小区管理系统"为例说明（具体实例见第 10 章）。

（1）安居乐业及和谐安宁是每个社区共同的美好愿望，自建设"平安小区"口号提出后全国各地积极响应，如 2012 年 9 月 10 日起京华时报社将联合首都综治办和北京市公安局推出第 3 届"百姓心目中的平安社区"评选活动。小区是居民主要的生活场所，也是社会生活的最基础单元。为社区居民努力创造安定有序的居家环境对进一步巩固社会稳定局面并提升公众安全感和满意度有明显促进作用，也必将加快实现社会主义新农村创造和谐稳定的社会环境。

（2）目前我们国家正处于城镇化快速发展的阶段，有数据统计显示，在 2000—2011

年我国城镇化水平由 36.22%提高到 51.27%。城市规模的迅速扩大，社区也必将大量地出现。如何对社区的人口进行有效管理和实时"监控"成为一个难题，针对此问题进行分析和解决显得越来越有必要。

2.　研究意义

研究意义是在开题报告中就需要明确的内容，在设计阶段则是要进一步根据研究意义厘清研究任务，下面仍以"三宝村平安小区管理系统"为例说明。

（1）建设"平安小区"是构建和谐社会、加快经济发展和保障人民群众安居乐业的重要载体。为深入推进"平安小区"建设工程，充分整合和利用社区资源，以提高社区社会居民满意度，朝着努力实现"发案减少、秩序井然、社区和谐和群众满意"的目标迈进，创造社区安定祥和及安居乐业的治安环境。

（2）"平安小区"的建设能更好地提高社区规范化和现代化的程度，"平安小区"系统顺利投入使用后社区工作人员可以把剩余的精力投入到更有意义的工作中。在软件设计分析过程中我们本着如何使社区管理更安全、更快捷、更有效和更方便的原则进行了大量的分析并走访了大量的社区工作人员，了解他们的想法、真实需求和对该系统的期待，这一阶段的工作也将为以后系统顺利开发和投入使用提供重要的保障和依据。

3.　研究任务

研究任务是根据研究背景、研究意义，以及初步的调研分析得出相对清晰明确的研究任务，下面仍以"三宝村平安小区管理系统"为例说明。

随着我们国家城镇化的进程速度不断加快，大量社区如雨后春笋般出现，如何更有效率且更方便规范对城镇社区的人口、房屋和重要物品进行实质性的管理成为一个急需解决的难题。针对这个问题，XXX 市公安局 XXX 分局 2012 年以三宝村作为试点工程，创建"三宝村平安小区管理系统"。对该村 220 户 922 人实有人口及关联信息进行管理，打造三宝平安村。本着方便管理、操作实用、快捷和高效的原则，该系统拟采取 4 种角色，即超级管理员、乡镇或街道管理员、村管理员和网格管理员，每个管理员都有相应的权限执行不同的操作。通过资源、服务和管理在网格的聚集，实现对人口、地理（房屋、楼栋和小区）、民情、事件和组织的全面和创新性的社会管理模式，独创了人、房与物的关联信息平台。

6.2.2　需求分析

为了设计并开发真正能够满足实际用户切实需求的软件产品，首先必须确切知晓用户的需求，对软件产品需求的深入分析与理解是软件分析设计工作取得成功的关键。不论把设计和编程实现工作做得多么出色，如果不能真正满足实际用户的切实需求，只会为用户带来失望的同时给开发者徒增烦恼。所以毕业设计的需求分析同样是至关重要的环节，它既是对前期工作，特别是调研工作的归纳与分析，也将直接影响后续设计阶段工作的设计质量。其具体任务是准确描述软件的功能需求、性能需求及运行要求，甚至包括将来有可能提出的要求，并确定课题设计的相关约束，以及与其他系统元素的接口细节等。

需求分析阶段的研究对象主要是用户的要求，一方面必须全面准确理解用户的各项要求，但也不能全盘接受所有的要求；另一方面要准确清晰地表达所接受的要求，只有经过确切描述的需求才能成为软件设计的基础。需要特别注意的是毕业设计过程的需求分析比较特殊，有部分高校的部分毕业设计选题是虚拟的，即并没有明确用户的实际工程项目。对此毕业生在进行需求分析时要清楚地认识到自己既是用户，又是设计者。在此过程中可以适当借鉴参考他人的设计结果，但仅限于参考借鉴，而非全盘照抄；同时需要与指导教师进行有效的沟通，进一步明确指导教师所报的毕业设计选题是否是要针对某一特定应用场景的应用而进行的有益尝试。这样方能在毕业设计环节避免不必要的重复工作，甚至是大量返工。

总而言之，在需求分析阶段应分析总结得出目标用户对目标系统在功能上和性能上的要求，解决目标系统"做什么"的问题；同时需要特别强调的是在需求分析阶段与用户的沟通方式和方法特别重要，如果读者在毕业设计过程中有幸参与实际工程设计类或有明确实际用户的毕业设计课题，不妨在需求分析阶段尝试与实际用户就所需要解决的问题进行有效沟通，相信这个过程会对走向工作岗位大有裨益。软件需求分析的过程通常需要多方的参与，用户面临的问题需要使用基于计算机的方式方法来解决，而软件分析设计人员的任务是开发出真正能满足用户需求的软件产品。一般情况下，用户对面临且急需解决的问题有切身体会，知道需要做什么。但是他们往往不一定能准确清晰地表达出这些问题和需求，更不知晓如何通过计算机软件来解决这些问题。而软件分析设计人员知道如何通过软件解决这些问题，但是对特定用户的具体要求并一定完全清楚，所以需要用户与软件分析设计人员相互之间进行有效的沟通与交流。一般情况下，原型系统是促进沟通的重要工具，快速建立软件的原型是有效准确的需求分析技术。在必要时软件分析设计人员除了与实际用户进行沟通交流之外，还可以通过跟班作业、开调查会、请专人介绍、询问、设计调查表请用户填写，以及查阅记录等方式来进一步了解目标系统的相关业务流程，以及实际需要解决的具体问题。

1. 总体需求目标

毕业设计的总体需求目标需要在针对毕业设计课题的现状分析、调研考察、跟班作业或查阅相关流程资料等工作已经完成以后方能确定，总体需求目标由基本需求目标和核心需求目标组成。基本需求目标是目标用户正常的操作规范和业务流程处理等的概念组合，核心需求目标则是目标用户全部业务流程中重要的环节和重要的路线的概要抽取。没有基本需求目标就没有总体的经营作业管理，而没有关键需求目标也就没有经营管理的个性与特色。

2. 具体需求目标

把总体需求目标按需求可以分解为功能、管理、效益和技术共 4 个方面，下面仍以"三宝村平安小区管理系统"为例说明。

"三宝村平安小区管理系统"的具体需求目标如下。

（1）在对所在村进行区域网格化划分之后能实现在网格中添加房屋信息（如房屋产权性质、所在区域、房屋地址、房屋照片和房屋面积等），添加息后能在该房屋中添加房主和住户信息（大体分两种，即房主和住户）。房主与住户的关系通过与房主关系来标识，如亲属、承租和外来装修人员等。实现按房子地址和房主有关信息来查询房屋能方便查看该房屋信息，以及查看该房屋所住人员。确定该房屋的房主，以及住户与房主的关系，并且可对房屋信息进行修改后永久性保存；除此之外还可以删除该房屋信息，对房主、住户的信息进行修改，并可以实时查看该房屋的房主、住户、房屋、房主和住户重要物品的照片，根据管理员登录的角色实现一定的功能。

（2）在添加房屋后可以为该房屋添加住户的基本信息（如姓名、职业、出生年月、与房主关系和属于何种类型等），通过类型来标识该住户的身份，即属于常住人口、低保户、人员分离人口或其他身份。针对管理员的登录自动计算该区域的住户数量及其各类型人员的人数。添加住户信息后可以为该住户添加重要物品，如果有重要物品的照片，则可以上传至系统。管理人员可以查看该住户的基本信息（如人员姓名、身份证号照片，以及重要物品照片等），也可以修改该住户的信息并保存到数据库，实现永久性存储；除此之外还可以根据房屋的地址信息搜索该房屋的所有住户信息，也可根据类别或住户姓名查询，极大地方便了管理员的管理工作。

（3）管理人员登录系统后系统将根据其权限赋予相应的操作权限，如果是区管理员（最高权限），则可以执行所有操作，包括添加、删除和修改该区的乡镇和村网格管理员等；如果是网格管理员，则只能操作该网格的房屋和住户信息，而不能跨越其权限。

3．系统功能建模

在需求分析阶段的系统功能建模过程中数据流图（Data Flow Diagram，DFD）和数据字典是非常重要的图形化工具。

（1）数据流图。

数据流图从数据传递和加工的角度以图形化方式表达系统的逻辑功能，以及数据在系统内部的逻辑流向和逻辑变换过程，是结构化分析方法的主要表达工具，也是用于表示软件模型的一种图示方法。C 语言重点课程教学辅导网站的顶层数据流图如图 6-1 所示：

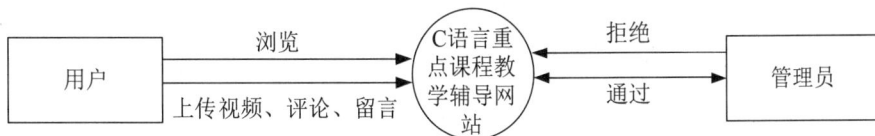

图 6-1　C 语言重点课程教学辅导网站的顶层数据流图

为了表达较为复杂系统的数据处理过程，用一个数据流图往往不够，故而复杂系统的数据流图应通常分层表述。一般按照问题的层次结构逐步分解，并以分层数据流图反映这种结构关系。C 语言重点课程教学辅导网站的 0 层和 1 层数据流图分别如图 6-2 和图 6-3 所示。

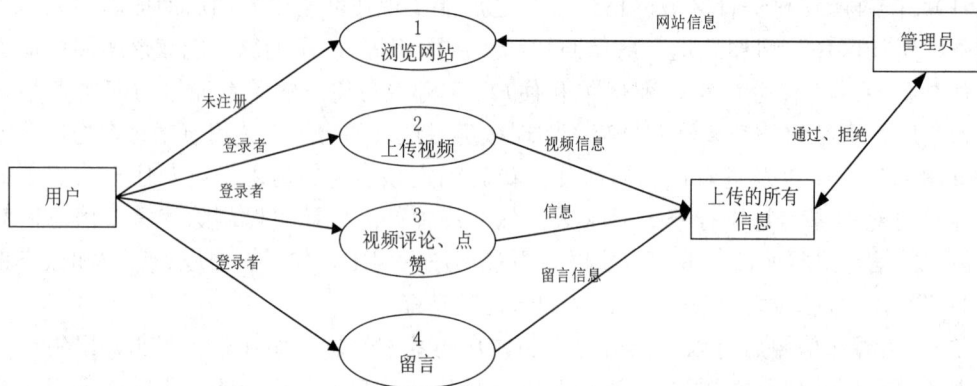

图 6-2　C 语言重点课程教学辅导网站的 0 层数据流图

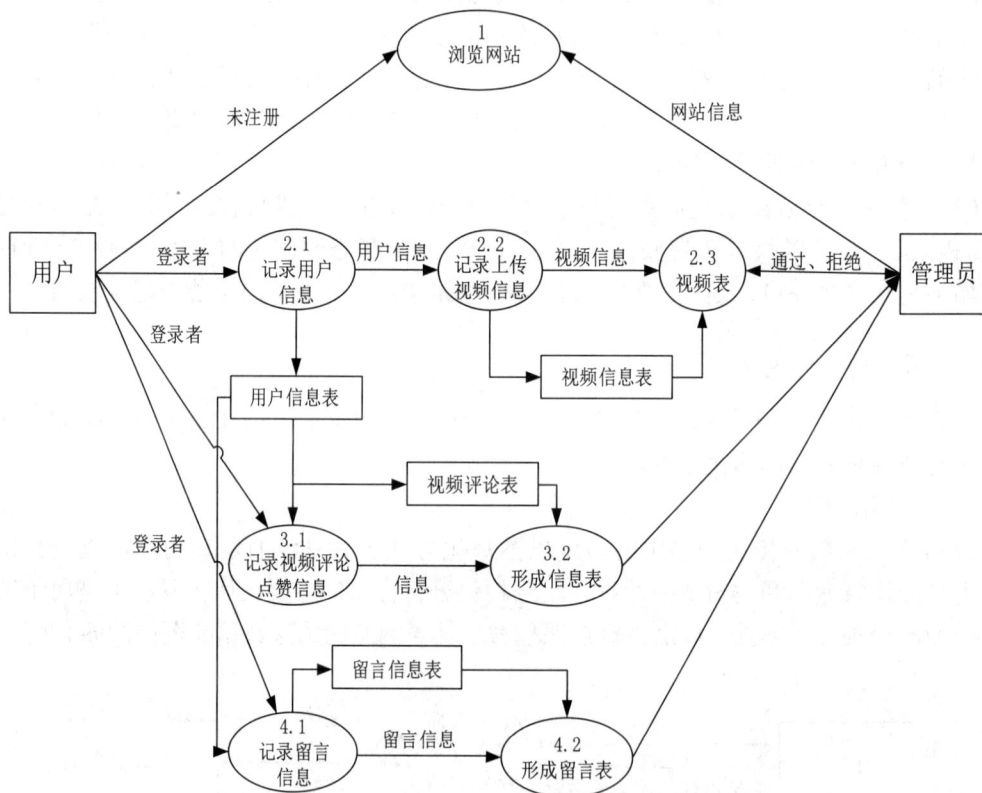

图 6-3　C 语言重点课程教学辅导网站的 1 层数据流图

通过对数据流图分层可以更加清楚地表达和理解 C 语言重点课程教学辅导网站。

（2）数据字典。

数据字典定义和描述数据的数据项、数据结构、数据流、数据存储、处理逻辑和外部实体等，其主要作用是详细说明数据流图中的各个元素，作为数据流图的细节补充与数据流图构成完整的系统需求模型。本节给出 3 个简单示例供读者参考，在毕业设计中应描述系统涉及的全部数据字典，以便更加顺畅地进行后续工作。定制产品信息数据流的数据字典描述，如表 6-1 所示。

表 6-1　定制产品信息数据流的数据字典描述

数据流名：定制产品信息
别名：customizes_pts
组成：定制产品编号+关联产品编号+定制用户编号+定制确认编号+定制数量+定制最低价格+定制备注+下单时间+期望样品生产时间+期望批量生产时间+删除订单标记+处理标记
备注：卖家定制产品信息

卖家商品信息数据流的数据字典描述，如表 6-2 所示。

表 6-2　卖家商品信息数据流的数据字典描述

数据流名：卖家商品信息
别名：sellers_sp_pts
组成：分类编号+类型编号+SKU+产品名称+简单描述+单位+重量+描述+零售价+添加日期+产品编号+最低售价+最高售价
备注：用户包括买家和卖家

定制效果图编号数据项的数据字典描述，如表 6-3 所示。

表 6-3　定制效果图编号数据项的数据字典描述

数据项名：定制效果图编号
别名：Customizes_Eid
类型：整型
长度：4
取值：1～9 999

4.　系统概念模型

概念模型的设计方法主要以需求分析阶段的前期工作为基础，使用概念模型（通常采用 E-R 模型）表示数据之间的彼此联系，形成独立于机器特点和各个 DBMS 产品的概念模式。其主要目标是描述系统的操作过程，并且支持用户的相关应用。最终方便将 E-R 模型转换为特定的数据库产品支持的数据模型（如关系模型等），形成数据库的逻辑模式，通过将数据库分析的要求与系统概念模型的特点和开发方法相结合建立系统 E-R 模型图。如果目标系统是一个复杂的大型系统，通常可以考虑按照以下 4 个步骤来建立系统概念模型。

（1）选择局部应用：从多层数据流图中选择适当的层次，一般选择中层数据流图作为设计分 E-R 图的依据。因为顶层数据流图仅能反映系统概貌，底层数据流图又太过精细且数量众多，而中层数据流图能较清晰直观地反映当前系统中各局部应用子系统的组成状况。

（2）逐一设计分 E-R 图：根据上一步选择的中层数据流图，从某一局部应用开始逐一完成各局部应用系统概念模型的建模。在这一过程中设计者需要根据应用的具体情况区分实体与属性，并标定局部应用中的实体、属性、码，以及实体间的联系。

（3）合并 E-R 图生成初步 E-R 图：在 E-R 图的合并过程中可能存在各种冲突现象（如属性值的类型、取值单位、取值范围或取值集合冲突，以及同名异义或异名同义的命名冲突和结构冲突等），设计者需要根据应用的语义进行综合调整并修改完善，并通过讨论和协商等行政手段解决冲突现象。最后修改和重构合并分 E-R 图生成初步 E-R 图，在修改与重构的过程中注意使用规范化理论消除不必要的冗余。

（4）得出目标系统的基本 E-R 图：根据初步 E-R 图再次结合具有应用语义审查和验证，在必要时进行迭代或者微调，以得出目标系统的基本 E-R 图。

系统概念模型的设计方法通常包括自顶向下（首先定义全局概念结构的框架，然后逐步细化）、自底向上（首先定义各局部应用的概念结构，然后将它们集成后得到全局概念结构）、逐步扩张（首先定义最重要的核心概念结构，然后向外扩充。以滚雪球的方式逐步生成其他概念结构，直至总体概念结构），以及混合策略（将自顶向下和自底向上相结合，用自顶向下策略设计一个全局概念结构的框架，以它为骨架集成由自底向上策略中设计的各局部概念结构）4 种方法。下面仍以"三宝村平安小区管理系统"中的 E-R 图为例（图中尚未标出实体或联系的属性，读者可参考第 10 章）说明，"三宝村平安小区管理系统"的分 E-R 图如图 6-4 所示。

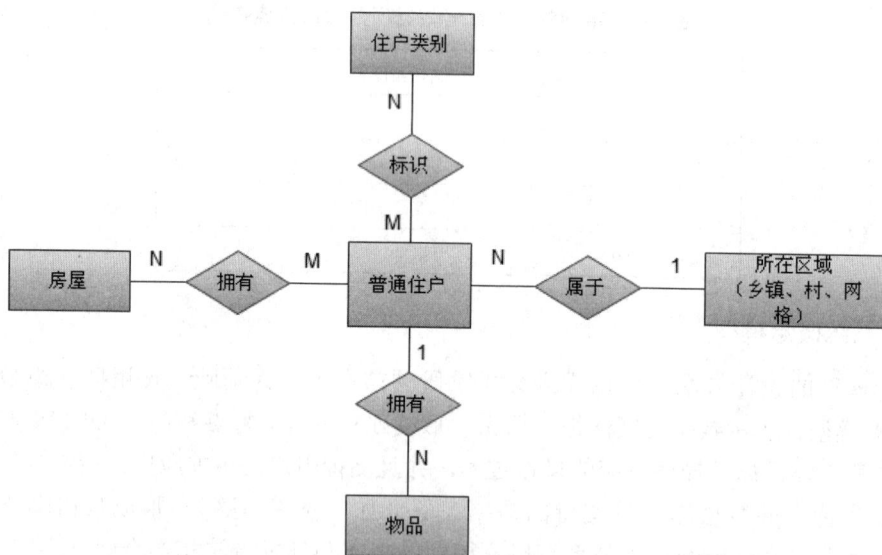

图 6-4 "三宝村平安小区管理系统"的分 E-R 图

毕业生在设计系统概念模型时要正确确定实体与实体的联系类型（一对一、一对多和多对多），这对后期将 E-R 模型向特定具体的数据库产品支持的数据模型（如关系模型等）转换至关重要。

6.2.3　总体设计

通过需求分析设计者完全厘清了目标系统的各种需求，较好地回答了目标系统做什么的问题，并通过软件需求规格说明，以及数据要求规格说明等充分阐明了这些需求。接下来需要着手解决怎样做的问题，总体设计阶段主要有如下两项任务。

1.　设计实现软件的最佳方案

总体设计首先需要设计实现目标系统的各种方案，然后从中选择最佳方案。这个过程在特定的情况下可能还需要进行论证，甚至召开专门的论证会议。需求分析阶段的数据流图是各种方案设计的基础，一种常见的方法是将数据流图中的处理进行分组，即绘制自动化边界。然后分析设计人员从可供选择的方案中选出几个较为合理的方案，在判断方案的合理性时应该确定系统的规模和目标，必要时需要征求用户的意见和建议。应该为每个合理的方案绘制系统流程图，列出程序、文件、文档和处理过程等清单，分析成本/效益，并且制定实现方案的进度计划。最后应该综合分析及对比各方案的利弊从中选择一个最佳方案，并为其制定更加详尽的进度计划。下面仍以"三宝村平安小区管理系统"中的系统边界类图和系统总体流程图为例说明，"三宝村平安小区管理系统"的系统边界类图如图 6-5 所示。

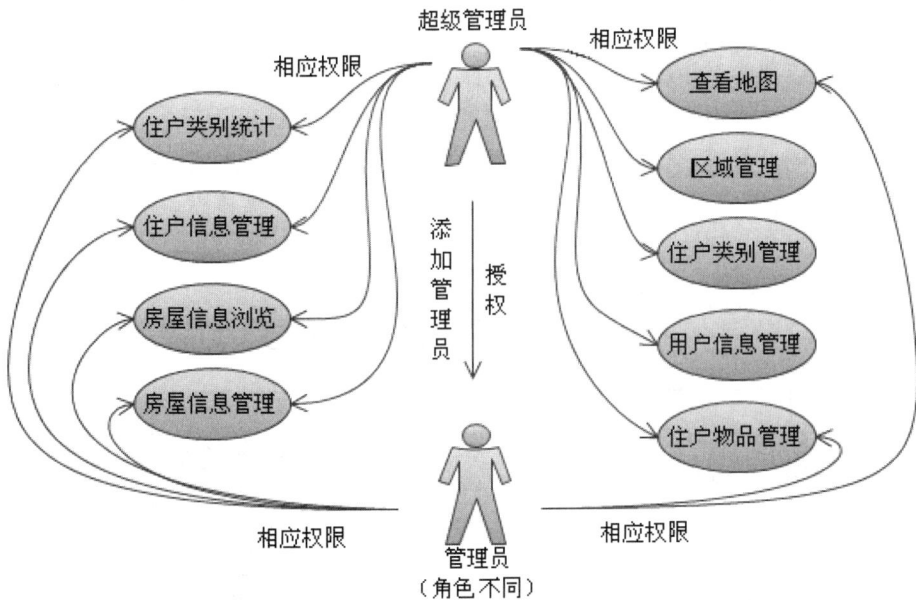

图 6-5　"三宝村平安小区管理系统"的系统边界类图

系统总体流程如图 6-6 所示。

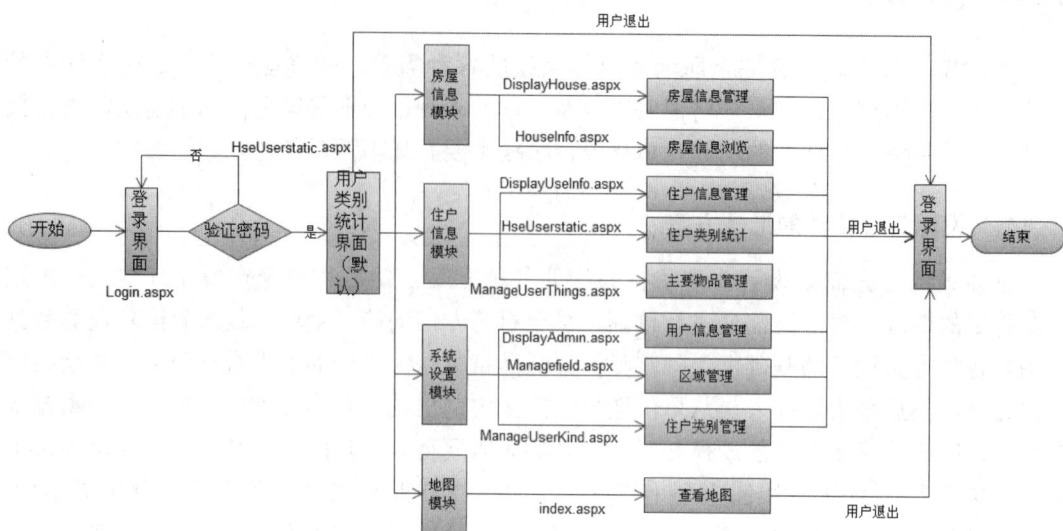

图 6-6 "三宝村平安小区管理系统"的系统总体流程

2. 设计软件的体系结构

总体设计的第 2 个主要任务是设计软件的体系结构，即确定目标系统中应该由哪些功能模块组成并明确这些模块之间的相互关系。通常系统的一个模块应该完成一个相对独立的功能，并且应该把各模块按照一定的关系组织成能相互关联的层次系统。顶层功能模块能通过调用下层模块实现目标系统的完整功能，子模块通过调用再下一层的功能子模块来完成自身的子功能，最底层的模块则完成具体的功能。通常情况下模块的划分尽量做到高内聚低耦合，下面仍以"三宝村平安小区管理系统"的系统总体模块图为例说明，如图6-7 所示。

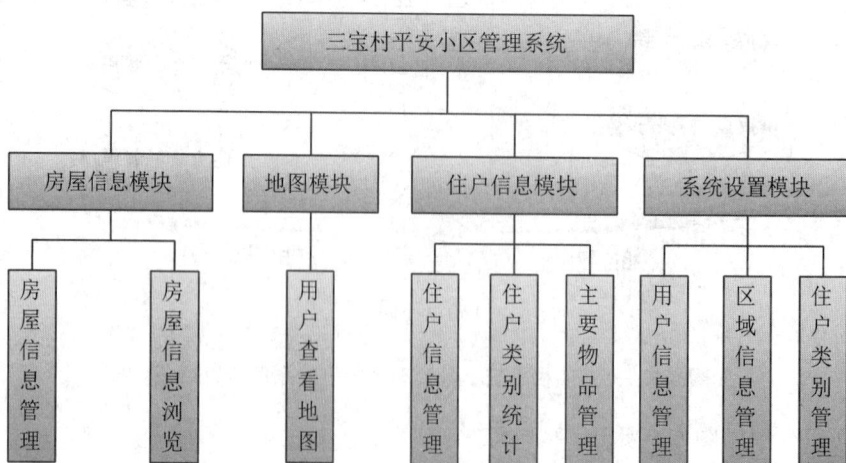

图 6-7 "三宝村平安小区管理系统"的系统总体模块

根据需求分析可知，该系统主要管理三宝村的住户和房屋信息。据此可以划分 3 个模块，即房屋信息、住户信息和地图模块。为了方便管理员管理多种角色并满足用户动态区域管理的需求，还多设置了一个系统信息设置。

（1）房屋信息模块：包括如下两个子模块。

- 房屋信息管理：管理员登录后依照登录的身份可以为该区域添加房屋信息并执行编辑信息等基本操作。
- 房屋信息浏览：针对管理员登录的身份不同，动态显示该区域的所有房屋信息和住户信息。

（2）住户信息管理模块：包括如下 3 个子模块。

- 住户信息管理：根据管理员登录的身份的不同可以显示该区域的所有住户信息，并且包括处理住户信息的基本操作，如增、删、查、改。
- 住户类别统计：住户分多个类别，目前包括实住人口、民生人口、治安人口、特殊身份类别和特殊技能人员。这些类别不是固定的，可以根据用户的需求动态改变（如修改类别名称，以及增加或删除新的类别等），这个模块主要用于统计该区域的住户某个类别的人数。
- 主要物品管理：罗列该区域的所有重要信息及物主信息，包括增、删、查、改一些重要物品的基本操作。

（3）系统信息设置模块：只有超级管理员拥有此权限，主要包括如下 3 个子模块。

- 用户信息模块：这是一个管理管理员的小模块，其中列出所有管理员的基本信息，如账号、真实姓名和联系方式等。它也提供了一些增、删、查、改的功能。
- 区域管理模块：管理多区域，根据实际需要可以添加乡镇、村和网格 3 个级别的区域信息。它也提供了增、删、查、改的功能。
- 住户类别管理模块：管理住户类别，可以删除已有的类别，增加没有的类别，以及修改已有类别的信息。

（4）地图模块：供用户查看地图。

6.2.4　详细设计

详细设计阶段的主要任务是明确如何具体地实现目标系统，即经过详细设计应该得出比总体设计对目标系统更加精确的描述，为后续的编程实现阶段直接把这些描述转换成某种具体的程序设计语言书写的源代码程序做准备。

详细设计阶段的工作主要分为如下 3 个方面。

1．数据库设计

数据库设计是详细设计阶段的重要任务，也是软件设计与开发的重要基础。其主要依据是需求分析阶段的数据流图、数据字典，以及基本 E-R 图等，特别是 E-R 图是数据库设计的重要依据。通常情况下依据一定转换规则将基本 E-R 图转换为特定 DBMS 支持的数据模型并利用规范化理论等进行必要的优化，本节根据向关系模型转换为例介绍转换内容和转换规则。

（1）转换内容。

E-R 图由实体、实体的属性和实体之间的联系 3 个要素组成，关系模型的逻辑结构是一组关系模式的集合，将 E-R 图转换为关系模型即将实体、实体的属性和实体之间的联系转换为关系模式。

（2）转换原则。

常见的转换原则主要包括以下 7 项内容。

- 一个实体型转换为一个关系模式。
- 一个 *m:n* 的联系转换为一个关系模式
- 一个 1:*n* 的联系可以转换为一个独立的关系模式，也可以与 *n* 端对应的关系模式合并。
- 一个 1:1 的联系可以转换为一个独立的关系模式，也可以与任意一端对应的关系模式合并。
- 3 个或 3 个以上实体间的一个多元联系转换为一个关系模式。
- 同一实体集的实体间的联系即自联系，也可按上述 1:1、1:*n* 和 *m:n* 的各 3 种情况分别处理。
- 具有相同码关系的模式可合并。

下面仍以"三宝村平安小区管理系统"中的系统数据库设计为例说明，该系统的数据库关系如图 6-8 所示。

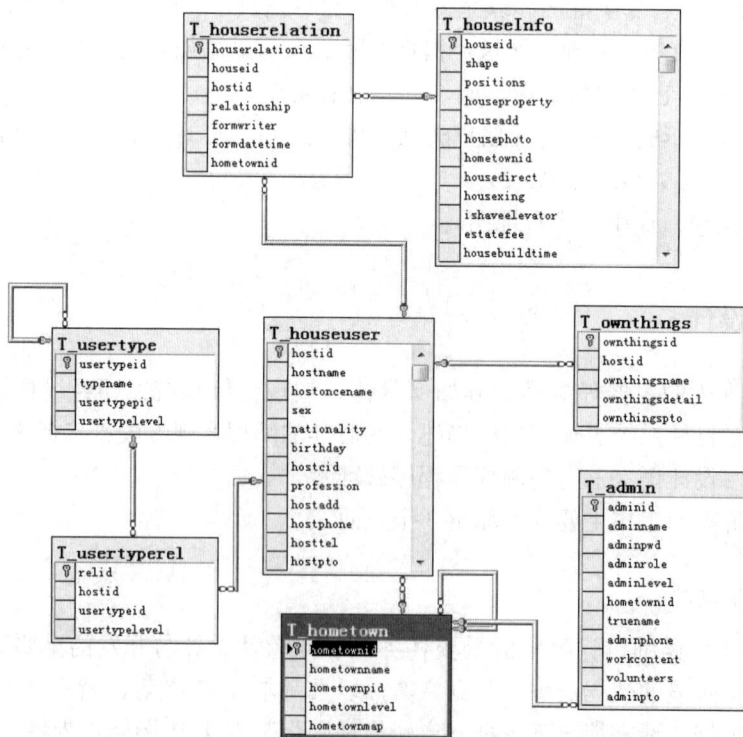

图 6-8 "三宝村平安小区管理系统"系统的数据库关系

《三宝村平安小区管理系统》中共设计了 8 个数据表，其中的 T_hometown 区域表如表 6-4 所示。

表 6-4　T_hometown 区域表

字 段 名	数据类型	长　　　度	是否为空	字段说明
hometownid	int		Not null	主键（自动增长，种子为 1）
hometownname	nvarchar	60	null	区域名
hometownpid	int	50	null	关联主键
hometownlevel	nvarchar	30	null	区域级别（市、区、乡、村/街）
hometownmap	nvarchar	50	null	区域地图

T_admin 管理员数据表，如表 6-5 所示。

表 6-5　T_admin 管理员

字 段 名	数据类型	长　　　度	是否为空	字段说明
adminid	int		Not null	主键（自动增长，种子为 1）
adminname	nvarchar	20	null	管理员账号
adminpwd	nvarchar	50	null	管理员密码
adminrole	nvarchar	30	null	管理员角色
adminlevel	nchar	1	null	管理员级别
hometownid	int		null	外键（T_hometown）区域 id
truename	nvarchar	20	null	真实姓名
adminphone	nvarchar	20	null	联系方式
workcontent	nvarchar	50	null	工作职责
volunteers	nvarchar	200	null	志愿者
adminpto	nvarchar	50	null	管理员照片

其他数据表请参阅本书第 10 章中的相关内容。

2．过程设计

从软件工程传统方法学的观点出发，在使用具体的程序设计语言编程实现之前应分析目标系统中所采用的算法逻辑，并使用相关工具设计表达全部必要的过程细节，使其成为后续编程实现的依据。过程设计并不等同于编程实现，在过程设计阶段需要决定各个模块的实现算法并精确描述这些算法。在过程设计的环节通常采用程序流程图、盒图（N-S图）、PAD 图（Problem Analysis Diagram，问题分析图）、判定树、判定表和伪代码等工具来描述模块实现的算法。这些描述工具在相关课程中都有较为详细的描述，本节仅举例说明。下面以"三宝村平安小区管理系统"为例，其中的房屋信息模块流程、住户信息模块流程和注册程序流程分别如图 6-9～图 6-11 所示。

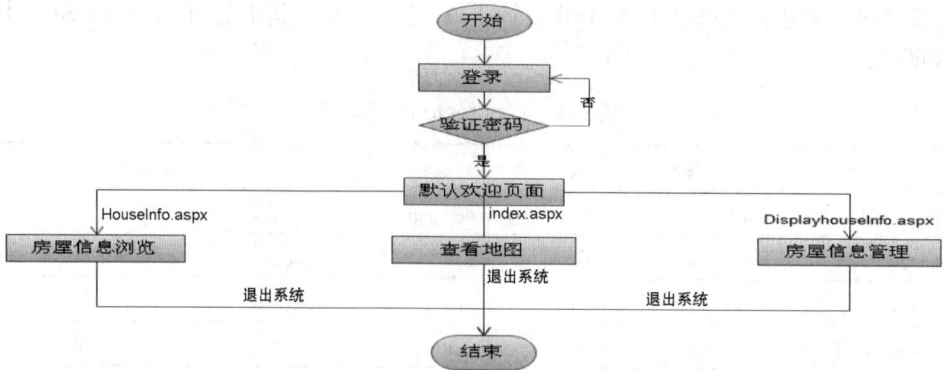

图 6-9　房屋信息模块流程

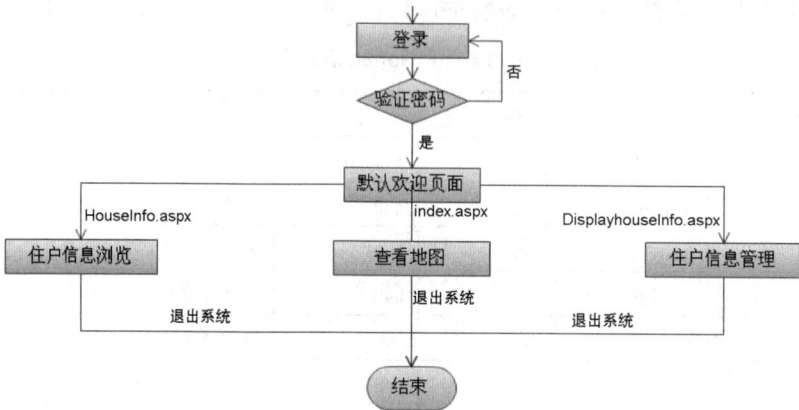

图 6-10　住户信息模块流程

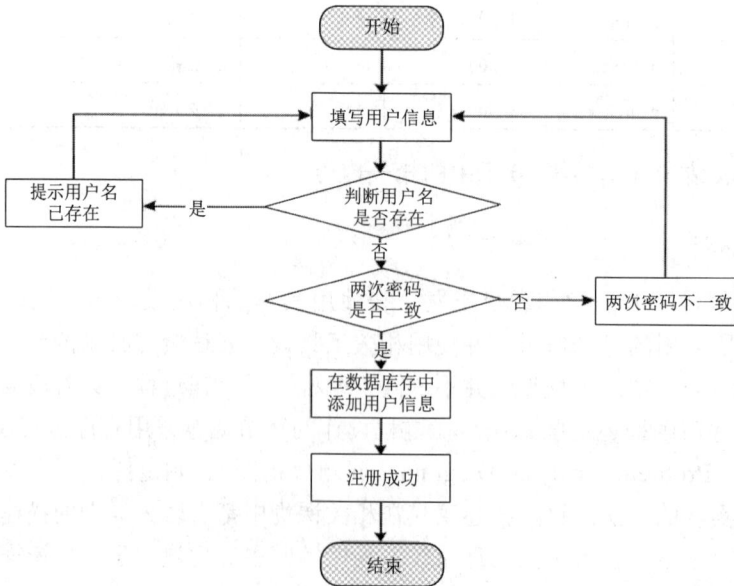

图 6-11　注册程序流程

3. 人机界面设计

人机界面设计是接口设计的一个重要组成部分，而接口设计一般属于总体设计的范畴。通常情况下接口设计依据数据流图中的自动化系统边界，主要包括模块或者软件构件间的接口设计、软件与其他软硬件系统之间的接口设计，以及软件与人（用户）之间的交互设计 3 个方面。本书之所以特别强调人机界面设计是因为近年来人机界面在系统中所占的比例越来越大，在个别系统中其设计工作量甚至占到了总设计量的一半以上。人机界面的设计质量将直接影响用户对软件产品的评价，从而影响软件产品的竞争力和寿命，因此必须对人机界面设计给予足够重视。

在设计人机界面的过程中几乎总会遇到 4 个问题，即系统响应时间、用户帮助功能、出错信息处理和命令交互。不幸的是，许多设计者直到设计过程后期才开始考虑这些问题，这样往往导致出现不必要的设计反复、项目延期和用户产生挫折感。最好在设计初期就把这些问题作为重要的设计问题来考虑，这时修改比较容易，代价也低。

（1）系统响应时间。

系统响应时间是人机界面设计过程中用户经常抱怨的问题，一般指从用户完成某个控制动作（如单击或按回车键）到软件界面给出预期响应（输出信息或做动作）之间的时间差值。

系统响应时间有两个重要的属性，分别为长度和易变性。如果系统响应时间太长，用户会不耐烦。当用户工作速度由人机界面决定时系统响应时间过短也不好，因为这会使得用户加快操作，从而可能会犯错误；易变性指系统响应时间相对于平均响应时间的偏差，在许多情况下这是比系统响应时间更重要的属性。即使系统响应时间较长，响应时间易变性低也有助于用户建立稳定的工作节奏。例如，稳定在 1 秒的响应时间比 0.1～2.5 秒变化的响应时间要好。用户往往比较敏感，他们总是担心响应时间变化暗示系统工作出现了异常。

（2）用户帮助功能。

交互式系统的每个用户基本上都需要帮助，当遇到复杂问题时甚至需要查看用户手册以解决问题。大多数软件通常都提供了联机帮助功能，使得用户无须离开用户界面就能解决问题。

常见的用户帮助设施一般分为集成的和附加的两种，集成的用户帮助设施从一开始就设计在软件中，因此用户可以从与刚刚完成的操作有关的主题中选择一个寻求帮助。这样可以极大地缩短用户获得帮助的时间，增强界面的友好性；附加的用户帮助设施则是在系统开发完成后再添加到软件中，大多数情况下它实际上是一种查询能力有限的联机用户手册。一般认为集成的用户帮助设施优于附加的用户帮助设施。

（3）出错信息处理。

出错信息处理通常分为出错信息和警告信息两大类，指在软件操作过程中出现问题时交互式系统给出的"坏消息"。如果出错信息设计得不合理，可能为用户提供无用，甚至误导的信息。这样会加重用户的挫折感，故在人机界面设计时需要对出错信息和警告信息进行恰当的处理。

（4） 命令交互。

命令行曾经是用户和系统软件交互的最常用方式，并且也曾经广泛地用于各种应用软件中。现在面向窗口、单击和拾取方式的界面已经减少了用户对命令行的依赖，但是许多高级用户仍然偏爱命令行交互方式。在大多数情况下用户既可以从菜单中选择软件功能，也可以通过键盘命令序列调用。

人机界面设计不仅仅涉及系统响应时间、用户帮助功能、出错信息处理和命令交互 4 个方面，甚至涉及美学或者艺术的成分，从近年来 UI 设计的加强可见一斑。人机界面设计通常是一个迭代的过程，即通常首先创建设计模型，再用原型实现。然后由用户试用和评估，并根据用户的意见修改和完善。

对人机界面设计感兴趣的读者可以进一步从一般交互、信息显示和数据输入 3 个方面着手查阅相关文献。下面仍以"三宝村平安小区管理系统"中住户类别统计和用户管理页面的人机界面设计为例，分别如图 6-12 和如图 6-13 所示。

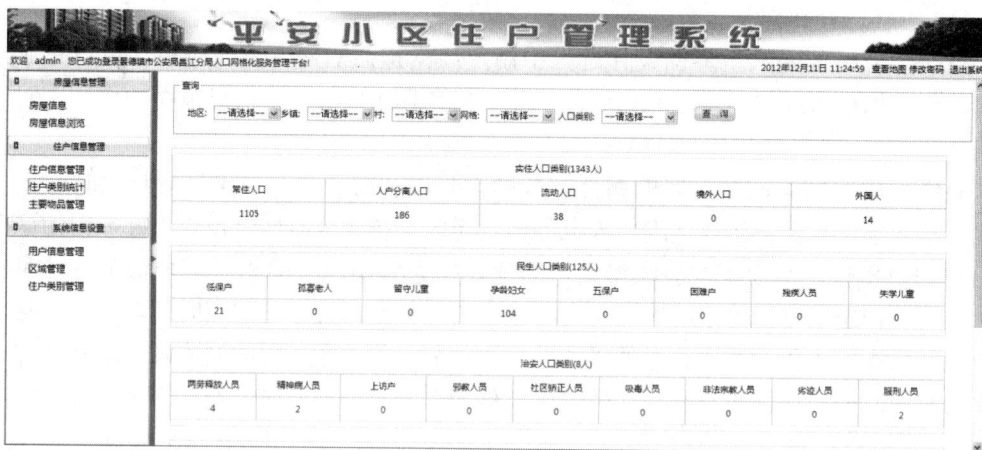

图 6-12　住户类别统计页面的人机界面设计

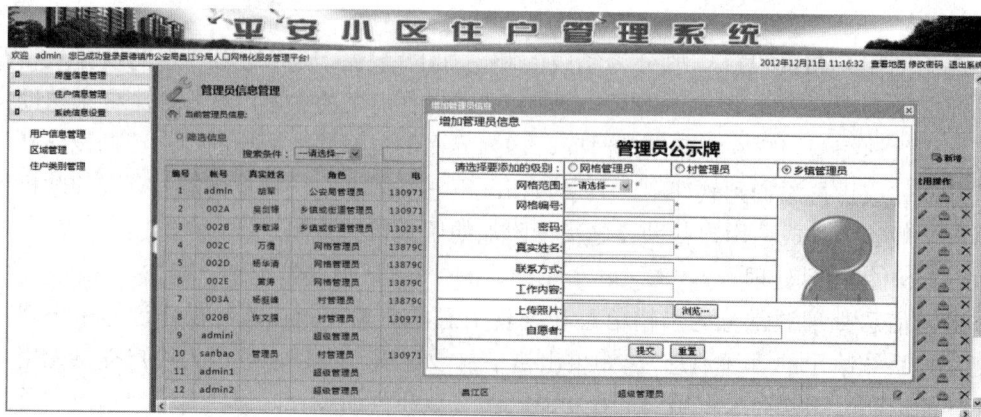

图 6-13　用户管理页面的人机界面设计

以上从数据库设计、过程设计及人机界面设计 3 个方面介绍了详细设计阶段的主要工作，并通过实例说明。但是以上所述并非毕业设计过程中详细设计阶段工作的全部，毕业生在毕业设计过程中还需要综合参考其他相关书籍开展详细设计工作，并且在具体的毕业设计的详细设计阶段可能还会涉及其他相关的工具或者方法。

6.2.5　编程实现

作为软件工程过程的一个阶段，编程实现是详细设计阶段的延续，程序设计语言的特性和编码风格将深刻地影响软件的质量和可维护性。为了保证编码的质量，必须深刻理解、熟练掌握并正确地运用程序设计语言的特性，还要求源程序具有良好的结构性和程序设计风格。对于毕业设计而言，编程实现阶段主要是根据前期分析与设计的结果进行编码工作，特别是结合详细设计阶段采用程序流程图、盒图、PAD 图、判定树、判定表和伪代码等工具描述的模块实现算法，以及人机界面设计的结果。在编程实现阶段选择合适的程序设计语言和相关的开发工具环境编写代码，在这个过程中要进一步养成良好的编码风格，这将对以后的工作大有裨益。

1.　选择程序设计语言

选择程序设计语言通常需要考虑项目和开发人员两个方面的因素，具体包括项目的应用领域、软件的开发方法、软件的运行环境、数据结构和算法的复杂性，以及开发人员的知识等。毕业生在毕业设计过程中选择程序设计语言可以结合自身掌握的程序设计语言或与之有相近语法规则的程序设计语言、毕业设计选题的应用领域及具体运行环境的要求，以及指导教师是否有具体明确的要求等要素综合权衡后合理选择。毕业生最好尽可能提前选择程序设计语言，因为一个提前学习相关程序设计的过程方能保证毕业设计工作进行到编程实现阶段时能顺利开展工作。

2.　编码风格

程序代码除了实现设计者的业务处理流程外，在程序的修改、完善及调试等过程中，有时需要阅读部分代码或全部代码，所以在编程实现的过程中最好能养成良好的编码习惯，形成一定的编码风格。既然是风格，就没有对错一说，大多数软件开发公司是根据自身的实际情况形成独有的代码编写规范要求。下面简单罗列一些较为通用的编码风格供读者参考。

（1）源程序文档化。

源程序文档化的编码风格通常包括规范的标识符（包括模块名、变量名、常量名、标号名、子程序名、数据区名，以及缓冲区名等）命名、合理且必要的注释，以及源代码的视觉组织等。具体而言，对标识符的命名尽量做到见名知义且有一定的实际意义，不宜过长，必要时可缩写等；夹在程序中的注释是程序员与日后程序阅读者之间隐性沟通的桥梁，绝不是可有可无的。在一些规范的程序代码中注释行的数量可能占到整个源代码的 $1/3 \sim 1/2$，甚至更多，注释分为序言性和功能性注释两类；而源代码的视觉组织通过包括合理利用空格、空行，以及有序向右缩进对齐等方面达到要求。

（2）数据说明。

通常在设计阶段已经明确了数据结构的组织及其复杂性，在编写代码时需要特别注意数据说明的风格。为了使得代码中的数据说明易于阅读、理解和维护，通常需要做到数据说明的次序规范化、说明语句中变量的安排有序化，以及借助注释来说明复杂的数据结构等。

（3）语句结构。

在详细设计阶段采用程序流程图、盒图、PAD 图、判定树、判定表和伪代码等工具明确地描述了模块实现的算法，但构造并编写由语句构成的具体算法则是编程实现阶段的任务。语句构造应该力求简单明了，不能为了片面追求效率而使语句复杂化，通常情况下语句结构尽量遵循以下风格。

- 在一行内只写一条语句。
- 优先考虑代码编写逻辑的清晰性。
- 直截了当地表达程序员的意图。
- 除非对效率有特殊的要求，否则编写代码应尽量做到清晰第一且效率第二。不能为了追求效率而丧失清晰性，程序效率的提高通常是通过选择高效的算法来实现的。
- 尽量避免使用临时变量而降低语句的可读性。
- 让编译程序做简单的优化并尽可能使用库函数。
- 尽量避免不必要的转移（跳转）。
- 尽量只采用 3 种基本的控制结构（顺序、选择及循环）。
- 尽量避免采用过于复杂的条件测试。
- 尽量避免使用"否定"条件的条件语句。

（4）输入和输出信息的方式。

输入和输出信息（含错误及警告信息）与用户的使用息息相关，也是通过人机界面与用户打交道的重要渠道和载体，其方式和格式以方便用户的使用，以及尽量减少不必要的交互操作为准则。设计及开发者在设计与编程实现的过程中一定要避免因设计不当给用户带来的烦恼或者因实现不当给用户带来的反感。在软件的需求分析阶段和设计阶段就应当基本确定输入和输出的风格，通常情况下系统能否最终被用户顺利接受并得到用户的认可有时就取决于输入和输出的风格（含人机界面设计风格）。不论是批处理的输入和输出方式，还是交互式的输入和输出方式，在设计和编程实现的过程中通常需要注意遵循以下风格。

- 对所有输入的数据进行校验，识别错误的输入并准确告知用户原因，以确保数据的有效性。
- 输入的步骤和操作尽可能简单，并保持简单或者用户习惯的输入格式。
- 在非必要时允许默认值的存在。
- 在交互式输入和输出时，要在屏幕上明确提示交互输入的要求，指明可使用选择项的种类和取值范围。在数据输入的过程中，以及输入结束以后要在屏幕上显示反馈的状态信息。

　　毕业生在毕业设计的编程实现阶段根据需要，可能还要调试程序，并在需要修改和调整功能时修改和完善源代码。下面是摘自"三宝村平安小区管理系统"编程实现中的部分源代码：

```
/// <summary>
    /// 绑定该区域信息数据到Cridview
    /// </summary>
    protected void Page_Load(object sender, EventArgs e)
    {
        hometownid = Convert.ToInt32(Session["hometownid"]);
        if (!IsPostBack)
        {
            DataSet ds = host.getHseUseInfo("", hometownid,out msg);
            UserIfo.DataSource = ds;
            UserIfo.DataKeyNames = new string[] { "hostid" };
            UserIfo.DataBind();
            msg = ds.Tables[0].Rows.Count.ToString();
            init();
        }
    }
    /// <summary>
    /// 根据主键删除住户信息
    /// </summary>
    protected void delete_Click(object sender, ImageClickEventArgs e)
    {
        ImageButton button = (ImageButton)sender;
        GridViewRow drv = (GridViewRow)button.NamingContainer;
        string pk = UserIfo.DataKeys[drv.RowIndex]["hostid"].ToString();
        host.deleteuserifo(pk);
        DataSet ds = host.getHseUseInfo("", hometownid, out msg);
        UserIfo.DataSource = ds;
        UserIfo.DataKeyNames = new string[] { "hostid" };
        UserIfo.DataBind();
    }
```

6.2.6　软件测试

　　软件测试通常使用人工或者自动手段来运行或测试某个目标系统，它在规定条件下对软件进行操作以发现其中的错误，衡量软件质量，并对其是否能满足设计要求进行评估。软件测试的过程是用来促进鉴定软件的正确性、完整性、安全性和设计开发质量的过程。换句话说，软件测试是一个实际输出与预期输出之间的审核或者比较的过程。下面从测试目标、测试流程和测试方法 3 个方面简单介绍软件测试。

1.　测试目标

　　软件测试目标是在目标系统正式投入运行之前，尽可能多地发现软件中的潜在错误。软件测试是对软件规格说明书、分析设计和编程实现等环节的最后审验。具体而言，软件测试是为了发现程序中的错误而执行程序的过程。好的软件测试方案有可能发现迄今为止尚未发现的潜在错误，是发现了尚未发现的潜在错误的测试方案。通过测试发现潜在错误并及时改正，最终把高质量的目标系统交给用户使用。

2. 测试流程

通常软件测试的流程如图 6-14 所示。

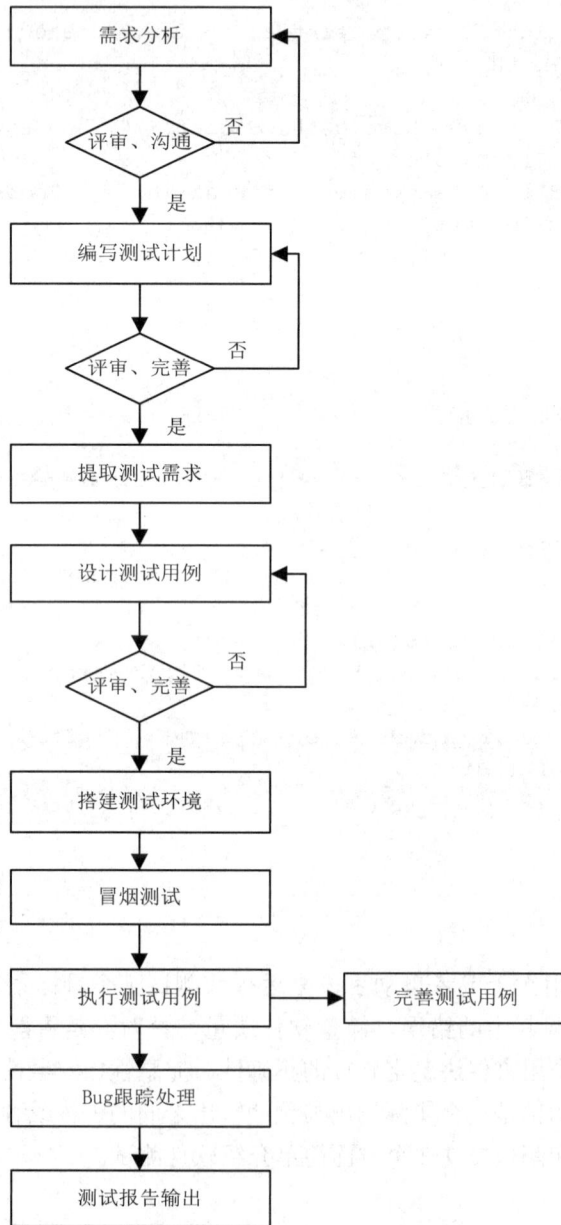

图 6-14　软件测试流程

3. 测试方法

通常情况下，测试方法从是否关心软件内部结构和具体实现的角度可以分为黑盒测试和白盒测试；从软件开发的过程按阶段可以分为单元测试、集成测试和确认测试。

（1）黑盒测试。

黑盒测试通过测试来检测每个功能是否都能正常实现，在测试中把软件看做一个不能打开的黑盒子，在不考虑程序内部结构及内部特性的条件下测试软件接口。检查软件功能是否能按照需求规格说明书正常操作，以及是否能适当地接收输入数据而产生正确的输出信息。黑盒测试着眼于程序外部结构，不考虑程序内部的逻辑结构，通常主要针对软件的界面和功能进行测试。

（2）白盒测试。

白盒测试按照软件内部的逻辑结构测试软件，通过测试来检验目标系统内部动作是否能按照设计规格说明书的规定正常进行，并检验程序中的每条路径是否都能按预定的要求工作。

（3）单元测试。

单元测试指对软件中的最小可测试单元进行检查和验证，单元是人为规定的最小被测功能模块。即在软件开发及测试过程中要进行的最低级别的测试活动，软件的独立单元将在与软件的其他部分相隔离的情况下被测试。

（4）集成测试。

集成测试是在单元测试的基础上将所有模块按照设计要求集成为子系统或目标系统进行测试。虽然通常情况下部分模块能够单独地工作，但是并不能保证集成以后也能正常工作。软件在某些局部应用中反映不出来的问题在全局应用中很可能会暴露，从而影响功能的实现。

（5）确认测试。

确认测试的目的是向目标用户表明系统能够按预定要求正常运行。经过集成测试以后已经按照设计要求把所有单元模块集成为一个完整的目标软件系统，应该进一步对软件的有效性进行验证，这就是确认测试的任务。

软件测试的方式、方法、理论及工具较多，在此不再一一赘述。"三宝村平安小区管理系统"中的测试工具、测试环境、房屋信息查询测试和添加住户信息测试如表 6-6～表 6-9 所示。

表 6-6　测试工具

工 具 名	测试内容	工 具 名	测试内容
Httpwatch	页面链接时间和容量	WebInspect	安全测试

表 6-7　测试环境

硬件环境	应用服务器	客 户 端
硬件配置	CPU：Intel(R)Xeon(R) 1.6 GHz 内存：1 GB 硬盘：68 GB	CPU：Intel(R) Core (R) 2.2 GHz 内存：2 GB 硬盘：250 GB

硬件环境	应用服务器	客户端
软件配置	Windows Server 2003 IIS 6.0 SQL Server 2000	Windows XP SP2 IE 8.0

表 6-8　房屋信息查询测试

用例编号	测试用例	预期结果	测试结果	错误原因
T1006	搜索条件按房主查询，在文本框中输入房主姓名"程建平"	能查询出"程建平"的房屋信息	查询到"程建平"房屋信息	
T1007	搜索条件按房址查询，在文本框中输入房址"三宝路 585 号"	能查询出房址为"三宝路 585 号"的房屋信息	查询到房址为"三宝路 585 号"的房屋信息	
T1008	搜索条件按区域查询，在文本框中输入区域名"三宝村"	能查询到"三宝村"区域下所有房屋信息	查询到所有区域的房屋信息	未对"三宝村"的房屋查询增加限制

表 6-9　添加住户信息测试

用例编号	测试用例	预期结果	测试结果	错误原因
T1009	无任何输入	弹出需要填写必要信息的提示	提交了数据	Js 代码错误
T1010	在"身份证号"文本框中填入已存在的用户的身份证号	给予用户提示，已存在该身份证号	系统给予成功提示	
T1010	在"与房主关系"的文本框中填入"房主"	根据"用户地址"找出所有没有分配房主的房屋地址	弹出所有没有房主的房屋地址	
T1011	在与"与房主关系"的文本框中填入非"房主"	根据"用户地址"找出所有有分配房主的房屋地址	找出所有有分配房主的房屋地址	
T1012	对各项进行合法输入	提示"添加住户信息成功"	未提示"添加房屋信息成功"	增加数据库的 sql 语句拼写错误

6.3　毕业设计的注意事项

　　毕业设计是毕业生大学期间最后一项，也是最重要的一项理论与实践相结合的实践教学环节。毕业设计不但对毕业生自身综合能力的提高和走向社会参加实际工作有重大的作用，而且对毕业成绩，甚至能否顺利毕业也有直接影响，所以毕业生应该正确对待。在毕业设计期间毕业生需注意以下事项：

　　（1）在本章所介绍的相关毕业设计环节中要充分准备，踏实工作。在需求分析阶段要根据实际情况积极开展工作，如果有实际的目标用户，则是一次难得的锻炼沟通与交流；同时也是结合专业知识进行锻炼的机会，务必认真对待。在毕业设计的其他阶段要多多查阅相关文献资料，对自己无把握之处要求证。

（2）　珍惜这一综合实践的过程，努力锻炼提高自己。在指导教师的指导下学习处理实际问题的方式与方法，学习分析与设计及实现的全过程，掌握科学研究的过程。也要学会团队协作的工作方法，认真对待毕业设计环节中的每一个具体细节，力争圆满顺利地完成毕业设计任务。

（3）　必须按指导教师下达的毕业设计任务书中规定的工作进度保质保量地完成任务，以在即将步入社会时培养良好的工作作风。在毕业生设计进展的每个阶段及时与指导教师保持良好沟通与交流，以便对上一阶段的工作提出意见，及时改正工作中的不足。

（4）　鉴于部分毕业生在学校中的实践偏少，而参加工作以后面临的都是具体的待解决的实际问题，因此在这一阶段不要放弃接触实际的点滴机遇。

（5）　虚心求教，通过一切可能的方式方法在正式步入社会参加工作之前不断积累专业知识与相关综合技能，不断丰富自我并追求卓越。

第7章 中期检查

毕业设计的中期检查通常在毕业设计任务书中的工作进度计划中的时间（或教学周次）过半或即将过半时进行，每所高校根据毕业设计实践教学的实际情况在具体时间安排上会有所差异，大约在最后一个学期的第 10～15 个教学周（通常在上半年的 4～5 月）。有部分高校的毕业设计中期检查单独进行，还有的高校将毕业设计的中期检查一并纳入学校的期中教学检查环节进行。毕业设计实践教学环节中的中期检查旨在通过检查督促保证毕业生的毕业设计工作按毕业设计任务书中的工作进度计划顺利开展，是为毕业设计实践教学环节的工作进度与设计质量而设置的节点监督环节。毕业设计中期检查监督环节通常由高校教学管理部门（如教务处等）、各教学院系负责毕业设计教学管理的工作人员和指导教师等检查毕业生的毕业设计工作的进展情况，主要内容包括检查毕业生毕业设计的进展情况及取得的阶段性成果，以及指导教师对毕业生毕业设计的指导情况和院系（系部）的毕业设计组织管理情况等。它对毕业设计工作管理的规范化，以及毕业生的毕业设计质量的提高有非常重要的促进作用。

7.1 中期检查的目的

中期检查的目的主要是尽早发现毕业生开展毕业设计工作中存在的问题和不足，督促毕业生抓紧时间切实解决存在的问题，按照毕业设计任务书中的工作进度计划按时按质按量完成毕业设计任务。通过中期检查指导教师可以全面了解毕业生毕业设计已经完成和尚未完成的任务、任务完成的质量、目前存在的主要问题，以及毕业生对待毕业设计的态度是否端正等情况。从而指导毕业生针对存在的问题寻找解决方法，对未完成的任务督促学生及时按工作进度计划抓紧时间开展工作；同时对任务完成情况严重不符合工作进度计划的毕业生进行约谈并找到具体原因帮助其切实开展毕业设计工作。对在中期检查过程中发现存在问题较多及对待毕业设计态度不够严谨和端正的毕业生，指导教师应该对其进行批评指正，并加强指导和约束。对存在的问题较为严重或者工作进度计划严重滞后的毕业生，指导教师必须提出警告并责令其限期改正。通过中期检查环节（部分高校要求指导教师在指导毕业生的过程中填写毕业设计进展情况记录表格，并需要毕业生和指导教师签字，毕业设计进展情况记录的样表见附录中的 **XX** 大学毕业设计进展情况记录），还可以让院系和高校教学管理部门及时了解指导教师对毕业生的毕业设计的指导情况，以及院系对毕业生毕业设计教学任务的组织管理状况。如果发现问题，同样要责令限期整改。通过中期检查专业教研室可以全面掌握本专业所有毕业生的毕业设计进展情况,根据具体的检查情况并结合学校关于毕业设计答辩时间的最后期限要求确定相对合理的答辩日期;同时根据时间要求指导教师加强对毕业生的指导和督促,以保证毕业生毕业设计后期工作的顺利开展和毕业答辩工作的如期举行。中期检查也是一次毕业生与指导教师深入沟通交流,以及就毕业设计已经完成的任务和下一步的工作计划交换意见的机会。指导教师应对指导的每个毕业生的毕业设计工作提出明确的意见和建议,并对毕业生的下一步工作计划进行审查把关。以便毕业生少走弯路,顺利完成毕业设计任务。

7.2　中期检查的意义

在毕业设计的实践教学工作中,指导教师一定要加强对毕业生的指导,以确保毕业生毕业设计的进度和质量符合毕业设计任务书的要求。特别是要根据毕业设计任务书中工作进度计划的规定按照时间节点跟进工作进度,并按照毕业设计任务书中的主要研究内容和设计技术参数,以及基本要求(含成果要求)及时检查把关,以确保每个毕业生的毕业设计都能按时按质按量完成。对于工作进度计划滞后或者基本要求没有达标的毕业生要一起分析具体原因,解决当前的困难和实际问题,指导毕业生符合当前要求以后方能进入下一环节。中期检查是衔接毕业设计工作的前半阶段和后半阶段的中间过渡环节,也是对前半阶段已经开展的具体工作(包括查阅文献资料、外文翻译及文献综述,以及编写开题报告等)的全面检查,以确保后半阶段的工作(撰写毕业论文、毕业答辩和整理毕业设计工作文档等)能按时按质按量完成。中期检查在整个毕业设计工作中有非常重要的意义,一方面指导教师可以全面检查和掌握毕业生毕业设计工作中已经完成和尚未完成的任务,以便能根据不同毕业生的具体情况开展有的放矢的指导工作;另一方面高校教学管理部门,以及教学院系(系部)也能在检查中收集指导教师及毕业生的意见和建议,分析总结毕业设计实践教学中好的经验和做法,对存在的问题和不足及时制定措施加以改进。并且加强各部门的毕业设计实践教学工作的相互协作,加大对毕业生毕业设计工作的监管力度,以确保学校的毕业设计实践教学任务的顺利开展,切实提高各专业毕业生毕业设计的质量。通过毕业设计的综合实践训练毕业生可以初步掌握本专业技术设计和科学研究的一般流程和方法,综合分析和解决实际问题的能力得到进一步锻炼,分析、设计、计算、数据处理、编写代码,以及编写技术文档的能力得到综合训练,为走向工作岗位做好充分的准备。

7.3　中期检查的内容和方法

7.3.1　检查内容

1. 毕业生

中期检查主要是根据毕业设计任务书检查毕业生的任务完成情况,包括查阅的文献资料、外文翻译及文献综述的完成、开展的工作与开题报告的吻合程度、毕业设计的具体进展、毕业论文写作完成、设计进展（包括对毕业设计选题的分析与设计、软件开发、以及软件调试与测试等）等情况。特别是要根据指导教师的毕业设计任务书中工作进度计划规定的时间节点重点检查工作进度，并按照毕业设计任务书中规定的主要研究内容和设计技术参数，以及基本要求（含成果要求），以确保自己的毕业设计能按时按质按量完成；另外还应该在检查过程中了解自己的毕业设计中目前存在的问题和不足向指导教师寻求解决方法，并对尚未完成的任务严格按照时间节点抓紧开展工作。

2. 指导教师

指导教师在毕业设计期间必须认真负责，耐心细致地指导毕业生，从严要求。既不能包办代替，也不能放任自流；努力培养学生独立动手能力，以及分析问题和解决问题的能力，达到人才的培养目的。中期检查主要检查指导教师对毕业生毕业设计实践教学工作的组织和管理状况，包括院系（系部）对毕业生毕业设计实践教学的管理工作和规章制度是否科学规范、毕业设计任务书中的工作进度计划是否具体可行、对毕业生毕业设计的监督是否有效，以及经费和软硬件设备是否能满足毕业生毕业设计实践教学的需要；另外还需检查指导教师指导毕业设计的资格、指导的毕业生人数是否符合相关文件的规定、中期检查的相关资料是否完整规范，以及是否根据要求填写了毕业设计进展情况记录（样表见附录中的 XX 大学毕业设计进展情况记录）等。

7.3.2　检查方式

毕业设计的中期检查一般分两个阶段进行，根据高校教学管理部门下发的开展毕业设计实践教学中期检查的通知要求，第 1 个阶段是院系（系部）的自查，主要以毕业生为检查对象；第 2 个阶段是高校教学管理部门检查院系毕业设计实践教学状况。

1. 第 1 个阶段

（1）准备检查材料。

要求全部毕业生在检查通知中指定的时间内将毕业设计的相关材料准备齐全（包括查阅文献资料、外文翻译及文献综述、开题报告、目前已经完成的任务和尚未完成的任务清单，以及撰写的论文提纲及初稿等。部分工作文档的样式见附录，各高校会略有差异），由院系排指导教师检查各自指导的毕业生毕业设计的中期相应材料或交叉查验。

（2）填写中期检查相关表格并组织中期答辩。

每个毕业生根据实际情况如实填写毕业设计中期检查的相关表格（各高校表格的内容和格式略有不同，样表见附录）并交给指导教师和院系检查，部分高校则由指导教师检查每个毕业生之后根据学校要求为其填写中期检查相关表格。然后院系组织毕业生进行中期答辩（部分高校中期答辩不做具体要求），演示毕业设计当前取得的工作成果并阐述下一步的工作计划。中期答辩一般由毕业生自述 10～20 分钟，介绍毕业设计目前已经完成情况，以及下一步的工作计划等。然后由指导教师针对毕业生的陈述进行提问，毕业生回答相关问题并记录。中期答辩环节也是一次毕业生与指导教师深入沟通交流的机会，以便指导教师全面了解所指导的毕业生毕业设计工作的进展情况和下一步的工作计划。中期答辩过程中指导教师对每个毕业生的毕业设计工作已经完成的内容要提出明确的意见，在对毕业生前期工作认可的同时对毕业生的下一步工作计划要提出意见和建议，以便学生少走弯路。毕业生要认真记录，并根据指导教师的指导意见对前期的工作进行修改和完善，然后切实按照下一步的工作计划踏头开展工作。毕业生在整个毕业设计工作进行的过程中要积极主动地与指导教师沟通，方能更加高效地开展工作。

对第 1 个阶段检查中发现的问题和存在的不足，无论是毕业生自身的问题还是因为指导教师指导不力造成的，都要及时跟进，切实开展工作解决发现的问题。并且根据检查通知中指定的时间将检查结果如实反馈给院系毕业设计工作领导小组，以便院系（系部）全面了解和掌握当前毕业生的毕业设计具体进展情况。

2.　第 2 个阶段

完成中期检查第 1 个阶段以后院系要根据学校毕业设计中期检查通知的要求在规定的时间之内对第 1 个阶段检查的情况进行分析总结，撰写检查报告并上交教学管理部门（如教务处等）。高校教学管理部门根据院系的检查报告对照各项指标对院系的毕业设计实践教学环节进行中期检查，具体采取的检查方法各高校略有不同，如检查毕业设计相关材料或者按照比例随机抽查部分毕业生毕业设计的具体材料（如毕业设计选题申报表、毕业设计任务书、外文翻译及文献综述、开题报告、目前已经完成的任务和尚未完成的任务清单，以及撰写的论文提纲和初稿等），也可组织被抽查到的毕业生集中进行检查并要求毕业生演示系统或展示相关中期检查的材料并阐述毕业设计进展状况。高校教学管理部门在开展毕业设计中期检查时，也要积极征求和听取指导教师和毕业生的意见和建议，特别是需要高校教学管理部门解决的实际问题或困难等。中期检查既是指导教师与毕业生沟通交流的渠道，也是高校教学管理部门与师生，以及教学院系沟通协作的有效途径，其目的均是为了毕业设计工作的顺利开展。

7.4　准备中期检查

中期检查是毕业生开展毕业设计的中间环节及重要的监督过程，对毕业生毕业设计的下一步工作有非常重要的作用。毕业生要高度重视并充分准备，在中期检查通知中指定的时间内做好相关准备工作。

7.4.1　自查

毕业设计的中期检查通常是在毕业设计任务书的工作进度计划中的时间（或教学周次）过半或即将过半时进行。每所高校会有所差异，一般在最后一个学期的第 12 个教学周前后进行。不管是单独或者纳入期中教学检查环节的毕业设计中期检查都需要在中期检查之前做好自查工作，这是为了更好地开展毕业设计工作。自查主要是毕业生严格按照毕业设计任务书中工作进度计划积极主动且有效地开展毕业设计工作，指导教师要定期或者不定期地对毕业生毕业设计工作进行有效监督，院系要对毕业生的毕业设计环节进行全程把关，自查的过程是发现问题并完善毕业设计工作的一个过程。

1. 毕业生自查

毕业生的自查工作主要是根据中期检查通知对照毕业设计选题申报表、毕业设计任务书和开题报告在指导教师的指导下对目前已完成的工作进行自我检查，重点是检查毕业设计进展过程中发现的问题和存在的不足，并做好切实可行的下一步工作计划。

（1）检查毕业设计选题（特别是自选的毕业设计题目）是否符合本专业培养目标、是否有一定的理论深度或者实践应用价值、是否与其他同学的选题重复，以及是否有一定的工作量和适当的难度等，这些自查内容一般不应该在中期检查时出现。若出现此类问题，毕业生要抓紧时间与指导教师沟通并采取有效措施（一般是更换毕业生设计题目，为此需要办理相关手续，毕业设计题目变更审批表见附录）补救。

（2）检查是否认真阅读了中外参考文献资料并进行了外文翻译及文献综述工作（各校有所不同，具体以所在学校的要求为准）、阅读的中外文献资料篇数是否达到要求，以及外文翻译和文献综述的字数和质量是否达到规定的要求等。若出现此类问题，毕业生要在中期检查前尽快解决。

（3）检查开题报告撰写是否符合规范，以及毕业设计的研究方法和研究与设计开发的步骤及进度是否正确、合理且可行。若出现此类问题，毕业生要在中期检查前尽快完成，必要时要与指导教师进行有效沟通共同商量解决问题的方式方法。

（4）检查各种材料（如毕业设计选题申报表、毕业设计任务书、毕业设计开题报告、毕业设计进展情况记录和毕业设计中期工作情况检查表等）中的毕业设计题目是否一致。若出现此类问题，毕业生要进行修改，务必保证所有材料的毕业设计题目全部一致。

（5）检查毕业设计已完成的任务是否与毕业设计任务书中规定的工作进度计划一致，以及已完成的任务是否与毕业设计任务书中规定的主要研究内容和设计技术参数与基本要求（含成果要求）相符。若出现此类问题，毕业生要在中期检查前尽快调整、修改与完善，必要时要与指导教师进行有效沟通共同商量解决问题的方式方法。

（6）检查尚未完成的毕业设计任务是否有清晰明确的解决方案和切实可行的工作计划，若出现此类问题，毕业生要与指导教师及时沟通并交换意见，以寻求解决方法。

（7）检查设计的排版和打印结果是否规范，以及中期答辩乃至毕业答辩等具体要求是否知晓。若有不明确之处，要及时获取相关文件资料，以便为毕业设计后续工作的顺利开展做好充分准备。

毕业生一定要尽量设法解决自查过程中发现的问题并弥补存在的不足，并及时与指导教师进行积极有效的沟通与交流，以确保毕业设计工作能够圆满完成。

2. 院系自查

院系也要在中期检查前对照各项要求进行自查，具体包括如下内容。

（1）专业教研室是否及时修订了本专业的毕业设计实践教学大纲，以及是否编制并向毕业生下发了毕业设计工作要求或撰写规范等。

（2） 是否成立了毕业设计工作领导小组并且编制了毕业设计工作计划（如中期答辩和毕业答辩计划等）和经费使用计划等。

（3） 是否组织了指导教师学习相关毕业设计工作的有关文件及规范要求并进行了指导教师和毕业生毕业设计的动员等。

（4） 是否按照高校教学管理部门的要求及时进行了毕业设计题目的公开征集工作、毕业设计题目是否与上一届乃至近几年的题目有关（延用、适度修改还是重新命题）、毕业设计题目的来源（科研、生产和教学等）是否符合相关要求、毕业生在选择毕业设计题目时是否与指导教师之间进行了双向选择，以及是否严格审查了毕业生自选题目等。

（5） 对担任毕业设计工作的指导教师是否进行了资格审查，以及指导教师所带毕业生的人数是否符合相关规定的要求等。

（6） 如何保证指导教师对毕业生的毕业设计指导工作认真负责、是否在指导过程中认真填写了毕业设计进展情况记录表并签字备查、指导教师如何监督毕业生开展毕业设计工作，以及如何掌控毕业生毕业设计工作的进度。

（7） 本院系毕业生的毕业设计进度和质量是否符合指导教师下发给毕业生的毕业设计任务书中的要求（包括工作进度计划、主要研究内容和设计技术参数、基本要求，以及成果要求等）、毕业生开展毕业设计工作中是否存在共性的问题和不足、进度滞后的毕业生是什么原因造成的，以及专业教研室（包括指导教师） 所提交的本专业毕业设计中期检查相关文件是否真实完整。

院系对于自查过程中发现的问题和存在的不足，不管是什么原因造成的，一定要想办法尽量补救。对于在本届毕业生的毕业设计工作中来不及改进的，要制定切实可行的计划，在下一届毕业生的毕业设计工作中进行改进；同时要及时征求毕业生，以及指导教师的意见和建议并对毕业设计工作进行全程监控，以确保本院系毕业生的毕业设计工作能够圆满完成。

7.4.2 材料准备

1. 准备相关材料

中期检查的材料各高校会有所不同，相关材料主要包括毕业设计选题申报表、毕业设计任务书、毕业设计进展情况记录和中期工作情况检查表等，还包括阅读的中外参考文献资料、外文翻译及文献综述，以及毕业设计开题报告等材料。要查看相关材料的内容和格式是否符合学校的规范要求，并根据中期检查的通知要求分为电子稿和打印稿来准备。由于各高校具体要求不尽相同，因此本节仅以由毕业生需要填写的毕业设计中期工作情况检查表为例说明，如表 7-1 所示。

表 7-1　中期工作情况检查表

XXX 大学毕业设计中期工作情况检查表

学生姓名	XXX	专业班级	XXXX 计算机科学与技术	
题　　目	三宝村平安小区管理系统			
毕业设计工作地点	XXX		目前是否在校	是
未到校的具体原因				
目前已完成的任务	（1）根据要求阅读了中外文参考文献资料，进行了外文翻译及文献综述，并按要求撰写了开题报告。 （2）对三宝村平安小区管理系统进行的前期的分析与设计，根据用户需求分析可知，该系统主要对三宝村的住户、房屋信息和用户重要物品进行相互关联管理。据此可将系统分 4 个模块，即房屋信息管理、住户信息管理、系统信息设置和地图模块，各功能模块的功能正在编程实现阶段。 （3）撰写了论文的前 3 章，即前言、系统总体方案设计和系统详细方案设计。			
	是否符合任务书要求进度	是（由指导教师审核）		
尚需完成的任务	（1）继续完成三宝村平安小区管理系统的各功能模块的编程实现并进行调试与测试，力争符合任务书中的各项指标要求， （2）继续撰写论文的后续内容（系统测试和总结等）。 （3）按照规范要求对毕业论文进行排版并打印，准备毕业答辩相关材料。			
存在的问题和解决办法	存在的问题：在"三宝村平安小区管理系统"中对身份证号码的验证除了按照正则表达式验证外，还需要采用什么具体可行的方法来验证身份证号码的真实性？ 解决方法（由指导教师和毕业生协商）：在"三宝村平安小区管理系统"在上线后会与 XXX 市公安局 XXX 分局人口网格化服务管理平台对接，通过公安局提供的相关接口进行身份证号码的真实性验证。			

指导教师签名：　　　　年　　月　　日

教研室主任签名：　　　　年　　月　　日

指导教师要在检查自己所指导的毕业生毕业设计的完成情况后，根据要求填写相关表格并准备相关材料，做好接受学校检查的准备。

2. 制作中期答辩 PPT

需要进行毕业设计工作中期答辩的高校毕业生还需要制作中期答辩 PPT，由于该 PPT 的展示时间相对较短（高校一般规定为 5 分钟以内），因此内容主要围绕已经完成的任务、尚需完成的任务，以及存在的问题与解决方法 3 个方面来阐述。即重点展示目前已经完成的任务，特别是相关任务成果。然后阐述针对尚需完成任务的切实可行的工作计划，最后阐述目前毕业设计工作进展过程中存在的问题和具体的解决方法。可参考表 7-2 所示的中期答辩 PPT 展示提纲和具体内容。

表 7-2　中期答辩 PPT 展示提纲和具体内容

编　　号	PPT 展示提纲	具体内容
1	已经完成的任务	根据毕业设计任务书重点介绍已经完成的毕业设计工作与论文（初稿），能演示或者展示最好
2	尚需完成的任务	对照任务书介绍尚需完成的任务及针对任务的切实可行的工作计划（含时间节点）
3	存在的问题与解决方法	提出毕业设计进展过程中正在解决的棘手问题并探讨其解决方法

7.4.3　准备中期答辩

毕业设计作为毕业生在学校里的最后一项重要的实践教学环节，综合运用前 3 年多所学各科目的理论知识和实践知识是一个难得而重要的理论结合实践的综合锻炼过程。部分高校组织中期答辩的目的一是旨在为毕业生在毕业答辩前进行一次预演，以免部分毕业生在毕业答辩环节由于各种原因引起的紧张与不适；二是锻炼毕业生清晰表达对自己的毕业设计的认知程度和进展状况的过程；三是考察毕业生对专业知识掌握的深度和广度，并审查验证毕业设计是否由毕业生独立完成的情况；四是为毕业生在走向社会后的就业面试等提供一次锻炼机会。因此每个毕业生均应认真对待中期答辩，之前除了按照要求认真制作中期答辩 PPT 外，还需注意如下事项。

（1）要充分认识中期答辩的意义，并详细了解所在院系中期答辩的具体组织形式和要求。特别是对平时不善表达的毕业生而言，更是要将其作为一次难得的锻炼机会来进行充分准备。

（2）整理自己的毕业设计工作相关材料，并确保自己能熟练阐述已经完成和尚未完成的任务，以及存在的问题与解决方法。虽然在中期答辩 PPT 制作过程中已经准备这些内容，但很多内容的准备不是答辩 PPT 所能展示的，需要毕业生非常熟悉自己的毕业设计工作并准备好在中期答辩 PPT 中罗列的相关成果（如毕业设计开题报告、论文初稿、分析设计相关文档和可运行的所开发的目标系统）等。

（3）试讲并提前准备答辩教师有可能会提出的问题。

7.5　中期检查的要求

中期检查的目的主要是为了毕业设计工作在过半或者即将过半时发现毕业生的毕业设计工作中的问题和不足，以督促毕业生抓紧时间切实解决。从而确保按照毕业设计任务书中的工作进度计划按时按质按量完成，为后期相关毕业设计工作的开展，特别是毕业答辩环节做好充分的准备。为此，毕业生要充分认识到毕业设计中期检查的重要性，并积极配合指导教师、教学院系，以及教学管理部门的中期检查工作；同时通过自查自己的毕业设计工作，及时发现问题并寻求切实可行的解决方案。指导教师要借此机会全面了解所指导的毕业生毕业设计工作进展的详细情况，并有针对性地进行指导。即为毕业生提供有效的解决方案，但不能替代包办。对于在中期检查过程中存在问题较多，特别是对待毕业设计工作态度不够严谨和端正的毕业生，指导教师应该对其进行批评并加强监督和约束。中期检查也是毕业生与指导教师进行深入沟通并交换意见的重要途径，指导教师应对指导的每个毕业生的毕业设计工作提出明确的意见和建议，并审查把关他们的下一步工作计划，以便毕业生少走弯路而顺利完成毕业设计任务。专业教研室、教学院系及高校教学管理部门在毕业设计中期检查过程中要做到公平、公正和公开，对发现的问题要责令限期整改并及时跟进。总之，毕业设计中期检查需要各参与方对中期检查的重要性要有充分的认识，方能达成共同的目标，即毕业生毕业设计工作的圆满完成。

7.6　中期检查的注意事项

毕业设计的中期检查中需注意如下事项。

（1）中期检查的各参与方（毕业生、指导教师、专业教研室、教学院系及高校教学管理部门）均要认真对待这一重要的教学督查环节，而不是流于形式；否则起不到检查督促的作用。

（2）对在中期检查中发现的不符合本专业培养目标或与其他同学的选题重复等特殊状况要采取有效措施（一般要更换毕业生设计题目，为此需要办理相关手续，毕业设计题目变更审批表见附录）补救并需按要求补交正式的毕业设计开题报告等相关材料。

（3）对于在中期检查环节由于种种原因，要求变更毕业设计题目的毕业生，要详细了解具体原因并分析具体情况，尽量不要随意变更。执意要变更题目的毕业生在办理好相关手续以后指导教师更要重点关注其毕业设计工作的进展情况，并重点督促其抓紧时间赶上毕业设计工作的进度，以免影响后续工作的开展。

（4）对于中期检查完全不符合毕业设计任务书中的工作进度计划要求，甚至没有实际着手开展毕业设计工作的毕业生要与其本人及班主任（辅导员），甚至毕业生家长进行有效沟通，分析原因并制定切实可行的方案，以督促毕业生加紧开展工作，保证其毕业设计如期完成。

（5）对于中期检查过程中发现的部分毕业生的毕业设计不是独立完成，甚至是抄袭的情况，要责令限期整改；否则会影响毕业。

（6）对于在毕业设计中期检查前后刚好需要进行硕士研究生复试或者外出面试等特殊情况的毕业生要沟通协调具体可行的检查方案。

（7）毕业生中期检查的相关资料要留存备查（部分高校要求相关资料一并装入毕业生毕业设计档案袋），中期检查的结果也可以作为评定毕业生毕业设计总成绩的重要依据之一。

第8章 撰写毕业论文

毕业论文指高等学校为对本科学生集中进行科学研究训练而要求学生在毕业前撰写的论文。毕业设计的时间一般安排在本科各专业修业的最后一个学年（学期）进行，从第4周开始为期15周。学生须在教师指导下选定课题进行研究，撰写并提交论文。在撰写毕业论文的过程中需要经过开题报告、论文编写、论文上交评定、论文答辩，以及论文评分5个过程。

撰写毕业论文主要目的是培养学生综合运用所学知识和技能，理论联系实际，独立分析并解决实际问题的能力，使学生得到从事本专业工作和相关的基本训练。毕业论文应反映作者能够准确地掌握所学的专业基础知识，基本学会综合运用所学知识进行科学研究的方法，对所研究的题目有一定的心得体会。

8.1 毕业论文要求

毕业论文是毕业生总结性的独立作业，是学生运用在校学习的基本知识和基础理论分析并解决一两个实际问题的实践锻炼过程；同时也是学生在校学习期间学习成果的综合性总结，是整个教学活动中不可缺少的重要环节。撰写毕业论文对于培养学生初步的科学研究能力，提高综合运用所学知识分析并解决问题的能力有重要意义。

毕业论文对学生的重要性如下。

（1）培养综合运用、巩固与扩展所学的基础理论和专业知识，以及独立分析解决实际问题、处理数据和信息的能力。

（2）培养正确的理论联系实际的工作作风和严肃认真的科学态度。

（3）掌握调查研究的基本方法，以及收集、阅读、整理和使用文献资料的能力，具备提出论点、综合论证和总结写作等基本技能。

毕业论文对指导教师的要求如下。

（1）必须认真负责且耐心细致地指导学生，从严要求。既不能包办代替，也不能放任自流。

（2）认真检查学生论文，指导学生修改并记录检查情况。

（3）严控学生抄袭和伪造论文内容，遏制学术不端行为。

8.2　毕业论文分类

由于毕业论文所涉及的学科和性质不同，研究领域、对象、方法和表现方式不同，因此有不同的分类方法。

（1）按研究领域和对象可分为如下类别。

- 人文社科类论文：以人文和社会现象为研究对象的论文，研究并阐述各种人文社会现象及其发展规律。其特点是研究领域涉及的范围广，类型复杂交错。从研究方法与行文角度可以将该类论文分为论述型、评价型、考证型、证明型、介绍型、诠释型和调查报告等。

- 自然工程类论文：也称为"理工科类论文"，其研究目的是发现自然现象背后的规律并运用这些规律为人类社会发展做出贡献。其中自然科学论文侧重于对自然本体进行研究和描述，以揭示自然界发生的客观现象，以及背后的规律，具有客观性强、计量细和实验数据多等特点；工程科学论文侧重于运用科学和技术原理来解决人类社会发展进步中存在的问题，按照功能和属性还可以将其分为实验型、理论型、综述型论文与科学调查（考察）报告等。

- 医学科学类论文：也称"医科类论文"，医科是对有关医疗、药物和公共卫生等研究领域的学科统称。此类论文是以人类自身身体及其所患疾病和所受损伤等为研究对象，以诊断治疗预防生理疾病和提高人体机体健康为目的。

（2）按内容性质和研究方法的不同可以把毕业论文分为理论性、实验性、描述性和设计性论文，文科大学生一般写的是理论性论文；后3种主要是理工科大学生选择的论文形式。

- 理论类学术论文：研究对象是比较广泛的自然现象和社会现象，以及这些现象之间的关系，即抽象的理论问题。其基本研究方法主要是理论证明、数学推导和综合考察等。

- 实验类论文：以实验本身作为研究对象，其核心是设计实验。进行有目的和有计划的科学实验，然后如实地将实验过程和创造性成果加以归纳分析，形成结论或提出作者的见解。

- 描述类论文：以自然和社会存在的客观事物和现象为研究对象，研究方法是考察、观测和分析。其主要表达方式是描述、说明和比较，目的在于向读者介绍新发现并具有科学价值的客观事物和现象。这是一种结论性研究论文，是以代表性的大样本为基础进行分析。说明事物和现象是什么，并确认其种属和学科等，以及与类似事物或现象有何不同。

- 设计类论文：为实现某种新工程或新产品进行需求分析、设计、测试和实现，然后得到某种结论或引出某些规律并形成的书面文字。设计性论文的关键是需求分析，如果分析不到位，则将导致整个设计结果偏离目标。

8.3　毕业论文的内容

　　本科生的毕业论文字数一般要求一万字左右，要求学生在论文中把问题叙述清楚。要层层推进，逻辑严密且重点突出。一篇毕业论文的基本内容包括标题、摘要、关键词、目录、绪论、论文主体、总结、致谢、参考文献及附录等，论文中的每个部分有规定的格式和内容要求。

8.3.1　标题

　　标题应简洁且明确，能够概括性地反映毕业设计内容，字数不宜超过 20 个。例如，"基于 Android 平台的公交线路查询软件"。这个标题说明了开发平台为 Android，主要内容是公交线路查询，最终成果为一款手机软件。这个标题既点明了开发平台和成果形式，又明确了论文内容。如果标题命名为"公交线路查询系统"，读者就会对成果形式产生疑问，即到底是开发成网站还是手机软件。

　　另外，标题中应该避免使用不常见的缩写词、代号和公式等，也不应在标题后加括号给出英文单词或单词缩写。例如，"基于 H5 的校园助手开发"标题中的 H5 是 HTMl5，即超文本标记语言第 5 次重大修改版本。这种缩写词会给读者带来很大困惑，可以将原标题修改为"基于 HTMl5 的校园助手开发"。再有"房地产三维全景（overall view）交互展示系统"标题中的"overall view"是全景的英文，为提高标题的简洁性，不需要出现在标题中。

　　为避免冗长，标题可以分成主标题和副标题，主标题简明扼要，将细节放在副标题中。副标题一般在主标题的下一行以破折号"——"引导。例如，标题"基于 Unity3D 的游戏设计与实现——勇者斗魔王"。其中主标题点明了使用的开发软件为 Unity3D，开发的内容为游戏；副标题则具体指明游戏的内容是勇者斗魔王，通过主副标题使标题内容明确而完整。

8.3.2　摘要

　　摘要的内容应扼要叙述毕业设计的目的、方法、观点和特点，以及取得的主要成果和结论。它是全文内容的缩影，要有高度的概括力。语言要精练且明确，使读者在不阅读论文全文的情况下通过它即可获得必要的信息。

　　撰写摘要的意义如下。

　　（1）使读者在未阅读论文全文时首先大致了解论文的主要内容，知道研究所取得的主要成果和研究的主要逻辑顺序，然后引导读者继续阅读论文。

　　（2）为文献检索数据库的建设和维护提供方便，论文摘要的质量高低，直接影响其被检索率和被引用频次。

　　摘要可分为如下 3 种类型。

（1）报道性：主要介绍研究的主要方法与成果，以及成果分析等，对论文内容的提示较全面。

（2）指示性：简要地叙述研究的成果（数据、看法、意见和结论等），对研究手段、方法和过程等均不涉及，创新内容较少。毕业论文一般使用这种类型。

（3）报道—指示性：以报道性摘要的形式表述论文中价值最高的部分内容，研究内容有部分创新点，其余部分则以指示性摘要形式表达。

一般来说，学术期刊的论文采用报道性摘要；本科毕业论文在创新方面较少，使用指示性摘要；论文有一定的创新性，可以采用报道—指示性摘要。

摘要分为中文摘要和英文摘要，要求中英文对应，且中文摘要约 300 字。

8.3.2.1　中文摘要

中文摘要不设章节，划分自然段描述内容，主要突出论文的目的、研究方法、取得的成果或绪论和创新点，如下例：

本文研究了一款面向《数据结构》课程的教学课件，该课件采用移动平台的服务器/客户端模式实现。服务器端采用 PHP 技术进行开发；客户端利用 Android 应用层提供的编程接口，调用外部库和运行时库获取服务器端返回的信息。客户端和服务器端之间大多采用 JSON 数据格式进行信息交互，实现了用户登录、学生提问、教师回复，以及问题管理等功能。该教学课件已在学校推广使用，界面简洁、性能稳定且用户体验良好。

基于移动端的《数据结构》教学课件是学校首次向学生开放的移动平台教学课件，具有随时随地随身学习的特点，可满足学生碎片化学习的需求。与传统的教学网站相比，学生只要有智能手机和网络就可以使用该课件，方便简洁。

以上摘要的第 1 段首先介绍了论文的目的（研究了一款面向《数据结构》课程的教学课件，该课件采用移动平台的服务器/客户端模式实现），然后描述研究方法，定性定量地介绍了开发技术和系统功能，最后一句强调了研究结果及应用情况（该教学课件已在学校推广使用，界面简洁、性能稳定且用户体验良好）；摘要的第 2 段说明了论文的创新点（具有随时随地随身学习的特点），并且与传统课件的比较，强调研究成果的方便简洁。

撰写摘要应注意以下情况。

（1）慎用长句，避免使用累赘、空泛、笼统和含混之词。例如，"智能手机作为通信工具，有拨打、接听电话、发送信息、接收信息、听音乐、看视频、上网、购物和支付等功能。"该句中对智能手机的功能描述明显累赘，可以精简。

（2）切忌把本学科领域已成为常识的内容写入摘要。例如，"移动平台是涵盖移动应用开发、管理、安全和整合等全生命周期的统一平台。"其中，"移动平台"这类名词解释可以写入论文的内容中。

（3）用第三人称进行叙述。例如，"对我们来说，定制产品是一种非常愉快的生活经历。"摘要中使用"我们"过于片面强调对象人群，建议修改为"年轻人"。

（4）使用规范化的名词术语。

（5）一般不用数学公式和化学结构式，不出现插图和表格。

8.3.2.2　英文摘要

英文摘要的内容要求与中文摘要一样，包括目的、方法、结果和结论 4 个部分。但是英文有其自身特点，主要的是中译英时往往造成所占篇幅较长，同样内容的一段文字用英文来描述占用的版面可能比中文多一倍。因此撰写英文摘要更应用词力求简单，在表达同样意思时尽量用短词代替长词，以常用词代替生僻词，力争用最短的篇幅提供最主要的信息。

中英文摘要的一致性主要指内容的一致性，但许多作者在中文摘要翻译成英文时存在如下两个误区。

（1）　认为两个摘要的内容差不多就行，因此在英文摘要中随意删除中文摘要的重点内容或随意增补中文摘要中未提及的内容。这样很容易造成文摘重心转移，甚至偏离主题。

（2）　认为英文摘要是中文摘要的硬性对译，对中文摘要中的每一个字都不遗漏。这往往使英文摘要用词累赘和重复，显得拖沓且冗长。英文摘要应严格并全面地表达中文摘要的内容，不能随意增删。但这并不意味着一个字也不能改动，具体撰写方式应遵循英文语法修辞规则，符合英文专业术语规范并考虑英文的表达习惯。

为符合英文语法修辞规则，英文摘要的时态以简练为佳。通常采用一般现在时和一般过去时，少用现在完成时和过去完成时，而进行时态和其他复合时态基本不用。

（1）　摘要开头的研究目的和内容，以及摘要结尾的研究结果和结论采用一般现在时。例如，"This paper describes..." 和 "The author suggests..."。

（2）　叙述研究过程多采用一般过去时，因为研究过程在撰写论文之前发生的。例如，"This model was applied to the telecommunications industry, customer loss analysis."

（3）　在采用一般过去时叙述研究过程中提及在此过程之前发生的事宜采用过去完成时。

（4）　说明某课题现已取得的成果宜采用现在完成时。

8.3.3　关键词

关键词是从论文的题名、摘要和正文中提取并用于表示全文主要内容信息的单词或术语。一篇毕业论文可选择 3～5 个最能表达主要内容的词作为关键词，关键词之间需要用分号或逗号分开，论文中的关键词一般是名词性的词或词组。中英文关键词一一对应，另起一行排在"摘要"的左下方。

关键词只有体现论文的主要内容才能使其被计算机系统精确索引，提高检索精度。因此如何选取关键词非常重要，下面介绍 3 种选取关键词的方法。

（1）　根据论文标题提取。

论文的标题通常开门见山，直接说明论文所叙述的内容，从标题中提取单词更适合作为关键词。例如，论文标题为"基于陶瓷行业的新闻信息抽取工具"，则从中提取的关键词有"陶瓷行业""新闻信息""信息抽取"。

（2） 根据高频词提取。

一篇论文中出现频率最高的词绝大多数都可以直接提取作为关键词。但要注意的是如果论文字数多，信息量大，则高频词数可能较多。这时要注意筛选并排序高频词，提取前几个词汇；同时在排列关键词时要根据与论文的相关性依次排列。例如，论文"基于组件的软件开发模式"，高频词"组件""对象模型"和"系统架构"都可以作为关键词。

（3） 根据文献资料提取。

在查阅相关文献资料时留意其主题词，结合自己论文主题选择适当的词汇作为关键词。这种方法依赖文献资料，简单省力。

英文关键词要与中文关键词对应，但要注意专业名词和专业术语的翻译，在英文关键词后还可用括号列举出该词的简写或缩略词。

8.3.4 目录

目录是论文中主要段落的简表，按 3 级标题编写（1.……、1.1……和 1.1.1……），要求标题层次清晰且标明页码。例如，

目录只展示前 3 级标题，正文中可以增加第 4 级标题，其后以编号或项目符号表示。目录一般放在摘要后面，正文前面，其作用如下。

（1） 读者浏览目录后能够快速大致了解论文的内容和结构，方便决定是否继续阅读。目录中的结构层次可以帮助读者选择性地阅读重要或所需章节，提高阅读效率。

（2） 写作之初设置目录可以明确论文大纲和结构层次，当论文内容较长时作者可以通过目录快速准确地查找论文内容，方便继续写作或修改内容。

目录是论文的导读图，设置时需要注意如下事项。

（1） 标题应与正文中标题一致。

（2） 应逐一标注该行目录在正文中的页码，且页码必须正确无误。

（3） 正文中的所有章节都应该完整地体现在目录中，不得遗漏。

8.3.5 绪论

论文的正文包括绪论、论文主体及总结，它们分别对应提出问题、解决问题和得出

结论。绪论又称为"引言"或"前言"，是正文的第 1 章，也是提出问题的部分，其中主要介绍如下内容。

1.　选题的背景意义及研究目的

该部分的主要内容是论文要解决的问题和解决的原因，即作者发现了一个必须要研究解决的实际问题。

写作该部分的要求如下。

（1）问题要明确，不能过于宽泛。例如，论文提出设计"医院医疗管理系统"。这个题目范围过大，建议明确范围，如"门诊预约系统"。

（2）不解决该问题带来的危害或后果。

（3）针对提出的问题阐述研究目的。

2.　简述选题在国内外的发展概况并提出研究方法

为实现研究目的，作者查阅选题的相关文献资料，详尽地综合述评该研究国内外的发展情况。在叙述过程中一定要有评论，指出现有研究成果的优点和不足，针对存在的不足提出选题的研究思路和研究方法。

写作过程中引用的文献资料均要在参考文献中列出，并在文中加以注释。

3.　说明选题的预期成果和意义

预期成果指经过对选题进行研究后得到研究目的对应的结果，而选题的意义则要说明对学科发展的贡献或者对国计民生的现实意义，论文是否有学术价值和读者是否愿意阅读将在这个部分内容得以体现。例如，某论文的预期成果和意义写作如下：

"本课题的预期成果是建立一种改进的决策树遗传算法融合模型，实现基于 Java 语言编写的决策树遗传算法训练平台。从某移动公司的计费系统和账务系统采集数据，选取训练样本对决策客户是否流失进行训练。最后利用训练得到的最优决策树遗传算法融合模型进行规则提取，进而预测客户是否会流失。

通过流失模型可以获得流失客户的规则，从而制定相应的营销策略。以提高挽留成功率并降低离网率，减少由于客户离网所带来的收入损失。"

4.　结构安排

论文结构是文章内容的组织安排形式，要求顺畅有序、层次清晰且合乎逻辑。毕业论文篇幅较长，一般结构安排上采用并列式结合递进的方式安排层次内容，这部分内容以叙述形式描述，例如：

"本论文根据毕业设计内容，安排结构如下。

第一章：绪论

第二章：数据挖掘中的分类算法介绍

第三章：基于遗传算法的分类方法（IDT-IGA）软件实现

第四章：IDT-IGA 在电信行业客户流失中的应用

第五章：结论"

总之，绪论作为开篇，将研究的问题、研究方法和预期成果描述清楚，在论文中占有非常重要的地位。

8.3.6　主体

论文主体详细表述研究工作中解决问题的过程，要求全面客观地阐述研究内容、方法、技术、应用和改进等内容，文字、图、表、数据和代码等可作为论述研究工作的辅助工具。论文的主体章数以 4~6 章为宜，本科毕业论文主体一般不超过 8 章。一篇论文质量高低主要取决于论文主体写得如何。

计算机相关专业学生主要撰写设计类和理论类论文。针对设计类毕业设计的特点，一般建议以软件工程方法学为指导安排章节。即可行性研究、需求分析、总体设计、详细设计，以及编码实现和测试等，具体章节安排以指导教师的意见为准；理论类论文可以根据选题特点安排章节，即理论基础、实验设计、算法应用和结果分析等。

8.3.6.1　设计类论文

设计类论文针对计算机专业主要是开发一个系统、游戏或硬件设备等，其开发流程一般要求遵循软件生命周期的如下 6 个阶段。

1.　可行性分析

可行性分析的目的是针对绪论阶段提出的问题确定是否有可行的解决方案，有了可行的解决方案才能开展后续工作；否则论文到此为止。

一般来说，作者需要从如下几个方面客观分析解决方案的可行性。

（1）技术可行性：包括现有技术能否实现本系统、现有技术人员能否胜任，以及开发系统的资源能否满足。

（2）经济可行性：经济效益是否超出开发成本。

（3）操作可行性：系统操作在用户内部是否可行。

（4）法律可行性：新系统开发是否会侵犯他人、集体或国家利益，是否违反国家法律。

2.　需求分析

需求分析的任务是针对目标系统提出完整、准确、清晰和具体的要求，如果定位不准系统的目标，将导致最终结果与用户预期不一致，造成严重后果。为了详细地了解并正确地理解用户的需求，分析员要与用户多沟通，采用科学方法不断修正最终需求。

毕业论文中主要从以下几个方面撰写需求分析部分。

（1）功能需求。

功能需求即明确系统必须完成的所有功能或服务。

（2）性能需求。

性能需求指定系统要满足的技术性能指标，通常包括响应速度、数据传输速率、存储容量限制和用户并发数等。

（3）可靠性和可用性需求。

可靠性需求指在规定时间内系统正常运行的概率，可用性需求指在规定的时间点系统正常运行的概率，二者的区别为前者指某一时间段内的正常运行概率；后者为某一时间点的正常运行概率。

（4）出错处理需求。

这类需求指系统出现错误后的应对方式。

（5）接口需求。

接口需求描述应用系统与其环境通信的格式，常见有用户接口需求、硬件接口需求、软件接口需求和通信接口需求。

在需求分析阶段通常要使用实体-联系图建立数据模型，使用数据流图建立功能模型，使用状态图建立行为模型。例如，论文"银行储蓄系统"的顶层数据流图和实体-联系图分别如图 8-1 和图 8-2 所示。

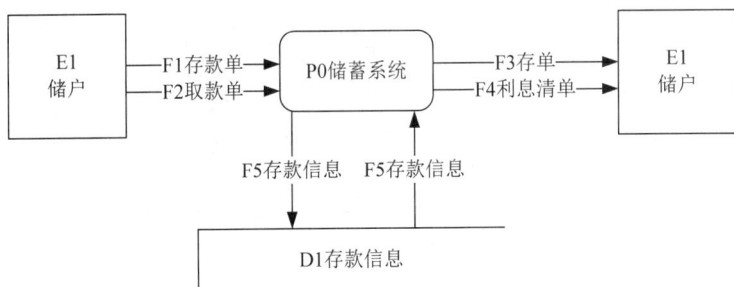

图 8-1　银行储蓄系统的顶层数据流图

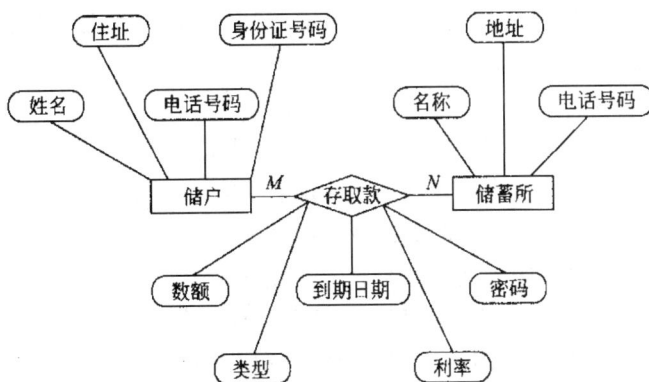

图 8-2　银行储蓄系统的实体-联系图

在论文的实际撰写过程中经常将"可行性分析"和"需求分析"合并成一章并命名为"系统分析"。

3. 总体设计

总体设计的主要任务是完成软件结构的设计，确定系统由哪些模块组成及模块之间的关系，这个部分主要涉及如下内容。

（1）功能划分。

总体设计需要划分的功能来自需求分析规划的系统功能，划分模块时注意模块的独立性，做到高内聚和低耦合，即每个模块独立完成一个功能。功能划分后使用层次结构图展示模块结构，用方框表示模块，连线表示调用关系，模块关系形象直观。例如，论文"三宝村平安小区管理系统"的总体功能结构如图 8-3 所示。

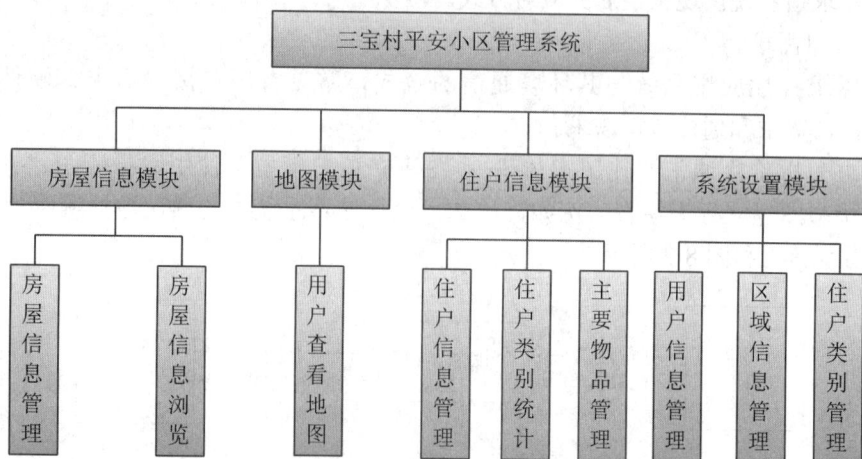

图 8-3 "三宝村平安小区管理系统"的总体功能结构

总体功能结构图呈 3 个层次，第 1 层为标题；第 2 层表示划分的 4 个模块；第 3 层为各模块划分的子模块。

（2）系统流程。

系统流程指从系统功能的角度描述系统的各模块及其相互之间信息流动的情况，常用系统流程图表示。

（3）数据库设计。

数据库设计指根据用户的需求基于某一具体的数据库管理系统设计数据库的结构和建立数据库的过程。毕业论文中涉及数据库时需要撰写这一节的内容，即按流程叙述数据库设计的软件、数据库名、数据表的数量及其内容等。

例如，论文"三宝村平安小区管理系统"的数据库设计内容如下。

根据"三宝村平安小区管理系统"的实体联系图，将其转换为关系数据库模型后建立平台数据库。本平台采用 MySQL 数据库软件创建数据库 db_Sanbao，并设计了如下 8 个数据表。

（1）房屋信息表 T_houseInfo：保存房屋的热点形状、热点坐标、房主、地址和房屋照片等信息。

表 8-1 房屋信息表

字 段 名	数据类型	数据长度	是否为空	字段说明
Houseid	int		Not null	主键（自增长，种子为 1）
Shape	varchar	20	null	热点形状
Position	varchar	20	null	热点坐标
……				

受篇幅限制，此处提供表 8-1 作为样表，其他数据表请参阅第 10 章的"三宝村平安小区管理系统"。

4. 详细设计

总体设计主要通过划分模块确定软件结构，而详细设计的目标是确定如何具体地实现系统，但并不是编写程序。可以说详细设计是毕业论文的核心部分，它直接反映整个毕业设计的研究过程和研究方法，体现作者的工作思路、工作量和工作结果。为详细精确地叙述本章的内容，可以使用过程设计的工具，如程序流程图、盒图、PAD 图、判定表和伪码等。

毕业论文的详细设计内容一般按功能模块介绍，每个功能模块一般按如下方式撰写。

（1）文字叙述功能内容和设计思路。

（2）过程设计工具用于描述过程设计，在实现阶段可以方便快速地将其转换为代码。

例如，论文"三宝村平安小区管理系统"的地图模块的详细设计内容如下。

根据三宝村的地理位置首先将该村的区域平面图设置为左、中和右 3 个区域，分别用红、绿和蓝色区分。然后在区域平面图上添加该村的所有房屋，圆形表示私有房屋，方形表示非私有房屋。地图模块将三宝村的所有房屋"网格化"，以网格为单位管理该区域的房屋、住户和重要物品，用户单击地图上的圆形或方形将弹出该房屋和住户的具体信息。地图模块的程序流程如图 8-4 所示。

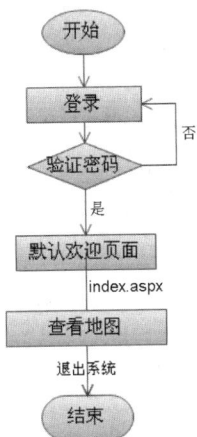

图 8-4 地图模块的程序流程

5. 编码实现

编码实现是把详细设计的结果转换为用某种程序设计语言书写的程序，进而实现系统功能的过程。它是对设计的进一步具体化，其质量取决于软件设计的质量。

毕业论文的编码实现阶段可按以下方式撰写。

（1）功能的部分核心代码：要注意格式规范，并附有一定的注释。

（2）功能实现的图片：使读者可以直观地感受功能的具体情况。

需要注意的是整个系统的完整代码可以放在论文后面的附录中；另外功能图片不宜过多，选取有代表性的即可。

例如，论文"三宝村平安小区管理系统"的"地图模块"的编码实现内容如下。

用户浏览三宝村的地图时，单击地图上的圆形或方形弹出该房屋的住户登记表。该功能采用了 jQuery.AsyncBox 控件（异步盒，以下简称"AsyncBox"），这是一款基于 jQuery 的弹窗控件。它通过回调函数触发 housepeopleinfo 事件，利用 houseid 传递数据查询房屋的住户信息，最终弹出窗口显示结果。该功能的核心代码如下：

```
<script   type="text/javascript"   src="../Skin/Js/asyncbox/jQuery.v1.4.2.js">
</script>
    <script type="text/javascript" src="../Skin/Js/asyncbox/AsyncBox.v1.4.5.js">
</script>
        <script type="text/javascript">
        $(function() {//弹出房屋的住户信息
            $('.housepeopleinfo').click(function() {
                var houseid = $(this).attr("id");
                var hostid = $(this).attr("name");
                if (hostid == "") {
                    alert("该房屋暂时还没有房主,处于闲置状态! ");
                } else {
                    asyncbox.open({//打开窗口
                    title: "住户登记表",
                        modal:true,//遮罩后面的地图, 突出窗口
                        url: 'HousepeopleInfo.aspx?id=' + houseid,
                        width: 1060,
                        height: 430//弹出窗口宽1060px,高430px
                    });
                }
            });
        });
    </script>
```

查看房屋住户信息的页面如图 8-5 所示。

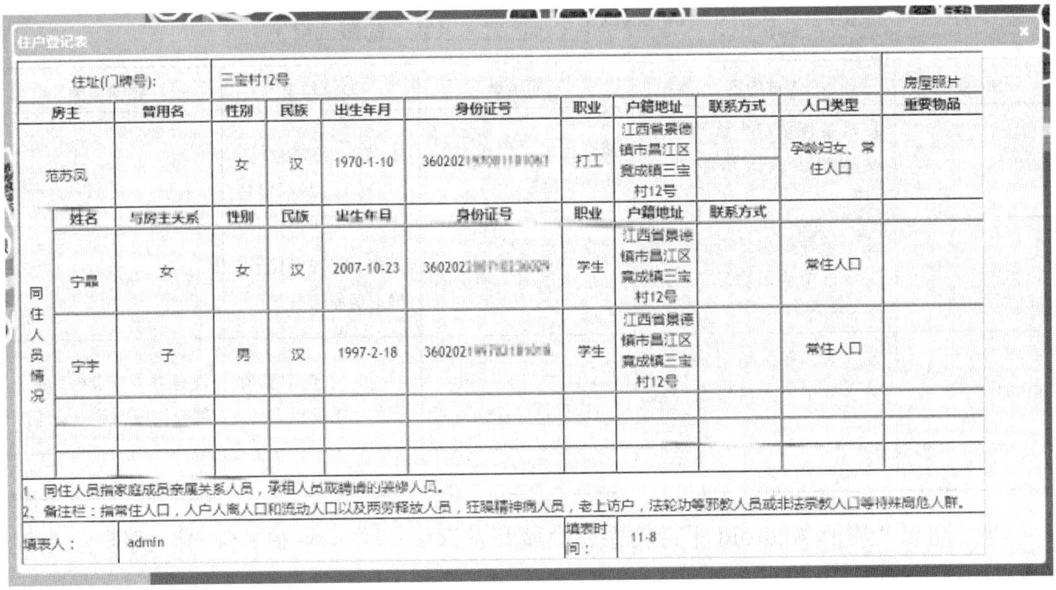

图 8-5　查看房屋住户信息的页面

6.　测试

系统实现后还需要测试，以期尽可能多地发现系统中的错误并改正，最终把一个高质量的软件系统交给用户使用。测试常用的方法有白盒和黑盒测试，前者测试程序内部的逻辑和程序的执行通路；后者主要测试系统的功能，又称"功能测试"。

测试的步骤如下。

（1）模块测试：对单个模块做内部测试，主要使用白盒测试。

（2）子系统测试：组装几个模块进行集成测试，主要使用黑盒测试。

（3）系统测试：组装整个系统的模块做集成测试，主要使用黑盒测试。

（4）验收测试：提交用户使用前由用户参与系统的验收测试，主要使用黑盒测试。

论文的测试章节只需要挑选重要的测试用例和结果，所有的测试情况可以放置在论文的附录中。在撰写测试章节时需要注意如下事项。

（1）注明测试范围、内容、方法、工具、环境和目的，如果测试环境中涉及服务器和客户端，则要描述这两种环境的硬件和软件配置。

（2）测试内容应与需求分析一一对应，若测试过程中出现错误，要叙述改正错误的过程和结果。

（3）如果测试基于计算机端的软件，则可将关键的测试用例放置在此章；如果基于移动平台的软件，可以选用知名的第三方测试平台，如 Testin、WeTest 和 TestBird 等，论文可引用平台出具的测试结果报告。

例如，论文"三宝村平安小区管理系统"的测试用例如表 8-2 所示。

表 8-2　"三宝村平安小区管理系统"的测试用例

用例编号	测试内容	预期结果	测试结果	错误原因
T1001	搜索条件按房主查询，在文本框中输入房主姓名"程建平"	能查询出"程建平"的房屋信息	正确，查询到了"程建平"房屋信息	
T1002	搜索条件按房址查询，在文本框中输入房址"三宝路 585 号"	能查询出房址为"三宝路 585 号"的房屋信息	正确，查询到了正确的房屋信息	
T1003	搜索条件按区域查询，在文本框中输入区域名"三宝村"	能查询到"三宝村"区域下所有房屋信息	错误，未查询到所有区域的房屋信息	没有对"三宝村"的房屋查询增加限制条件
⋮				

再如论文"基于 Android 平台的中瓷商城开发"引用了 Testin 平台的测试结果，并撰写了相应的测试结果分析如下。

（1）测试方法与工具。

采用第三方测试平台 Testin，移动 APP 自动化真机云测试平台测试本应用的性能和兼容性。

进入 Testin 官网提交应用的安装包，在测试中选择了三星、华为、小米和 Vivo 等市场上主流的 14 款智能手机，Android 系统版本为 5.0 以上，测试手机分辨率和屏幕尺寸是市场主流的屏幕尺寸。

（2）测试结果。

• 应用的通过率。

应用通过率是系统应用的安装、运行和卸载的测试指标，测试结果如表 8-3 所示。

表 8-3　应用通过率测试结果

	通　过	待优化	未通过	通过率	
终端数	12	2	0	通过率	100%
占比	85.7%	14.3%	0.0%		

• 应用的综合性能。

应用的综合性能指标主要包括启动耗时、CPU 平均占有率和内存平均占有率，这 3 个指标在一定程度上决定了应用性能，如图 8-6 所示为 3 个指标的测试结果。

（3）测试结果分析。

从以上测试结果可以看出客户端性能具有以下特点。

• 安装、运行和卸载没有异常。

• 在启动耗时上耗时时间短，内存占用率低。

• CPU 占用率集中在 0.0～8.4%之间，内存占用率集中在 7.54～16.58%之间，这是比较合适的。

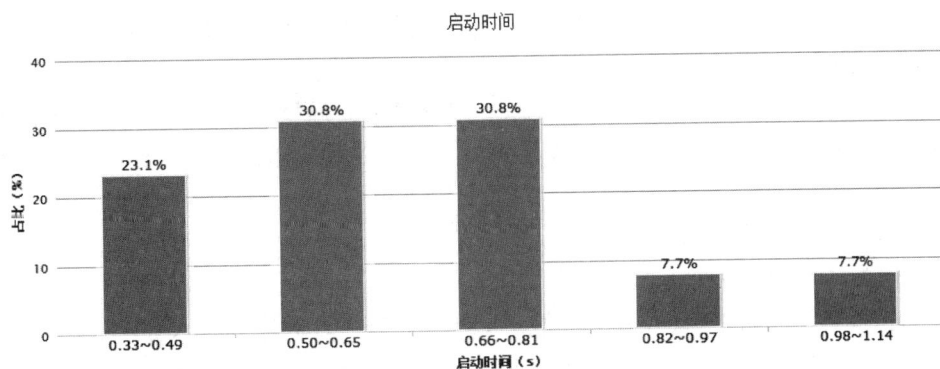

图 8-6　3 个指标的测试结果

出于本客户端与服务器数据交换不是特别频繁，因此在性能指标上比较可观。但也存在一些待优化处，如在中兴 S36 最新的 Android 系统中运行效果不能令人满意。在以后的更新与升级过程中，需要优化客户端的性能。总而言之，客户端的综合性能达到了预期目标。

8.3.6.2　理论类论文

理论类论文主要围绕某个科学问题设计解决方案并描述实验验证的过程，它最终不是呈现作品，而是给出实验结果或建议。撰写此类毕业论文时一般分为如下 4 个部分叙述。

1.　理论基础

绪论部分提出了研究的问题，然后在论文中详细介绍该问题涉及的理论。理论知识来源于公开发表的科学技术知识，因此在撰写过程中要注意引用、选取和归纳参考文献的内容。如果针对同一问题存在不同的处理方法，则需要比较分析。总结不同方法的长处与短处，然后结合研究的问题考虑使用哪种方法。

理论基础中的许多内容可以使用图、表、公式和伪码等工具丰富叙述形式，使内容更为直观。叙述过程中要多查阅国内外的文献资料，注意客观严谨和层次分明，根据研究问题选择合适的算法。

例如，论文"基于灰色关联的游客满意度分析"在理论基础章节分别针对旅游系统理论、旅游体验理论、游客满意度模型、游客满意度测评方法和灰色关联分析等内容做阐述，最终确定使用灰色关联分析算法测评游客满意度。

2.　实验设计

本节利用前一阶段提到的理论改进算法设计或算法。本科阶段学生，尤其是普通高校毕业生改进算法有一定难度，因此能做到将新的理论应用于旧领域和旧理论应用到新领域就可以达到毕业设计要求。

实验设计时需要根据实际问题规划实验步骤，做到考虑周全、逻辑严密和详尽具体。

例如，论文《基于灰色关联的游客满意度分析》的实验设计步骤如下。

（1）确定研究对象。

本文以景德镇市瑶里景区为研究目标，调查对象为瑶里景区的旅游者。设定顾客满意度的 6 个指标分别是餐饮、住宿、交通、游览、购物和娱乐，各项指标评分范围为 0～10 分。

（2）设计调查问卷。

调查问卷涉及如下 4 个方面的内容。

- 游客的人口统计特征及社会属性：如年龄、来源地和家庭收入等。
- 受访者的旅游消费特征：如旅游目的、游览天数、获取的旅游信息和旅游消费额等。
- 问卷主体部分：总体上可根据游客满意度的 6 个指标设计问题。
- 开放式问答：游客对景区服务或产品质量、满足需求的程度，以及安全性等方面进行评价，允许游客根据问题充分发挥。

（3）发放调查问卷。

根据历年瑶里景区游客量的统计，每年 4～8 月是旅游旺季，因此本次调查选择该时间段进行。问卷调查采用纸质发放和微信上传两种方式，确定发放纸质问卷的地点和二维码位置。

（4）回收整理及数据分析。

初步整理回收的问卷，包括编号和去除答题不全及字迹不清的无效问卷。在此基础上做信度分析，一般认为信度 a 大于 0.7 为高信度；介于 0.7 和 0.35 之间为尚可；小于 0.35 为低信度，应予以拒绝。

（5）应用灰色关联分析算法。

3. 算法应用

完成实验设计后将算法应用到实际问题中计算实验结果。如果有多种算法或改进算法，则可多次应用，为后期结果分析提供数据，应用算法时应严格按实验步骤执行。

4. 结果分析

应用算法后分析实验结果并得出实验结论，最终针对问题给出建设性意见。

例如，论文"基于灰色关联的游客满意度分析"的实验结果如下。

（1）灰色关联度分析结果表明游客对瑶里景区（以下简称"景区"）还是基本满意的，但是距离满分有很大差距。需要继续加大力度提高景区的各项指标，使游客对景区的满意度越来越高，早日达到一个更高的层次。

（2）餐饮的灰色关联系数最大，交通其次，说明游客对景区的餐饮和交通都很满意。因此今后景区要保持餐饮和交通的满意度，继续加强这两个方面的服务。

（3）住宿的灰色关联系数最小，表明游客对景区住宿不满意。针对这一点，景区管理人员要改善住宿条件和环境并优化硬件设施和住宿软装。

8.3.6.3 论文主体小结

毕业论文的主体是论文的重点，无论设计类还是理论类论文，其主体部分都是篇幅最大的部分。它要求作者有理有据地叙述毕业设计的工作内容并详细介绍毕业设计过程，因此写作过程中要注意合理安排章节、围绕研究工作详略得当地叙述且内容客观真实。

8.3.7 总结

总结（设计类为总结，理论类为结论）是对整个研究工作进行归纳和综合而得出的，是对论文的总结。内容主要包括工作总结、不足之处和展望未来。

（1）工作总结。

对研究工作的回顾，然后引出研究工作的成果、优点、特色、有何创新、性能达到何水平，以及价值体现等。

例如，论文"三宝村平安小区管理系统"的工作总结如下。

"三宝村平安小区管理系统"采用了多种技术，如 ASP.NET、Jquery、Ajax 和 html+css 等开发而成，从而实现了房屋信息管理、住户信息管理、系统设置和查看地图等功能。该系统是昌江区建设平安小区的示范项目，用于三宝村网格化管理所属区域，保障人民群众安居乐业，构建和谐社会。

根据整个研究工作的内容，现归纳总结该系统如下。

较好地解决现实生活中存在的难题，减轻社区管理工作人员的工作难度，更加方便和快捷地提高工作效率，适应现代社会的发展需求。

界面友好、操作简捷方便……

（2）不足之处。

例如，论文"三宝村平安小区管理系统"提到的不足之处及其解决方法如下。

该系统历经两个多月开发，虽然较好地完成了毕业设计，但由于需求不到位和方案改动较多而导致出现一些不足之处。其中的不足及其解决方法如下。

① 未处理并发事件：设置单点登录解决。

② 承载访问量较低：通过扩容服务器提高承载量。

③ 未处理意外输入：设置输入检测，规范输入内容。

在投入使用过程中应继续加以完善，不断改进使系统最大程度地满足用户的需求。

（3）展望未来。

研究工作今后改进的方向，以及进一步开展研究的见解与建议。

例如，论文"三宝村平安小区管理系统"中的展望未来如下。

后期该系统需要投入精力在以下方面进一步改进。

① 地图的存储容量过大导致地图的缩放和移动受限，需要优化相应算法，提高地图常规操作的灵活度。

② 提高系统的稳定性和安全性，防止病毒攻击。

以上是设计类论文的总结。理论类论文的总结称为"结论"，主要阐述论文取得的研究成果及创新、存在的不足和今后进一步研究的内容。以理论类论文"数据挖掘技术在电信客户流失中的研究与应用"为例，其结论如下。

1. 论文取得的成果及创新之处

本文采用遗传算法与决策树相结合的融合模型，即 IDT-IGA 算法。通过构造完全分类规则集设计了一种有效的遗传编码方法，使得遗传算法的各种优良特性在数据集分类中得到充分的运用，并采用 Java 语言建立了模型。基于本课题的理论分析及仿真实验可以得到以下结论。

（1） IDT-IGA 算法既充分发挥了决策树算法的优点，又发挥了遗传算法的优点，并且解决了决策树算法分类不够准确等不足。

……

（6） 论文将 IDT-IGA 算法应用到电信行业的客户流失分析中，通过多次测试评估提取出流失客户的规律。实验结果表明该算法是可行和有效的，研究内容有一定的理论意义和实际应用价值。它能为市场营销人员提供营销策略，尽可能地减少客户流失量。避免由于客户流失所造成的损失，进而提升电信企业的核心竞争能力。

2. 存在的不足

在电信客户流失预测模型建立过程中由于时间较紧，因此在数据采集整理等工作上存在不够完善之处，在一定程度上影响了客户流失模型结果的准确性。目前存在的问题如下。

（1） 数据量较少。

（2） 数据的完备性稍差。

（3） 数据一致性存在不足。

今后进一步研究的内容如下。

（1） 寻求好的编码方法。

好的编码方法可以显著地提高模型的时间效率并降低算法的时间复杂性，所以寻求一个好的编码方法是今后需要进一步研究的重点内容。

（2） 预测模型的优化。

预测模型的健壮性不是很强，特别是受到一些噪声数据的影响，分析结果的准确性有待进一步提高。如何有效地消除噪声数据的影响，增强预测模型的健壮性是今后进一步研究的内容。

（3） 推广流失预测模型的应用。

把理论研究成果尽快运用于实际，使得客户流失系统更为完善、稳定和可靠，并将 IDT-IGA 算法推广应用到其他领域中。

总结是论文逻辑内容的最后部分，该部分侧重研究结果和分析总结，简单叙述研究过程即可。作为结尾部分，它应该与摘要相呼应。根据论文主体归纳总结，使论文结构有始有终。总之，总结在撰写过程中要注意客观陈述，不脱离论文主体，篇幅大约为 1 000 字。

8.3.8 致谢

致谢一般放在论文正文之后，参考文献之前，其内容包括简述作者写毕业论文的心得体会，对在毕业设计过程中给予作者指导和帮助的有关人员和单位表示感谢。致谢的作用主要是为了表示尊重所有帮助人员的劳动，有利于促进形成相互帮助的社会风气。该部分的措词要恰如其分，对给予帮助的有关人员使用尊称，如某某教授和某某教师。

下面提供一篇毕业论文的致谢范文供读者参考。

毕业设计的顺利完成为我大学 4 年生活画上了一个圆满的句号，非常感谢我的指导教师 XX 教师。他在我毕业设计期间始终关心我的学习和研究工作，并在技术方案、学习机会和资料文献等诸多方面给予我最大的支持和指导。使我能够顺利地开展研究工作，直至论文完成。XX 教师严谨的治学态度、忘我的工作精神、敏锐的学术洞察力和平易近人的为人处事都给我留下了深刻的印象，并将长期地激励和鞭策我在今后的学习、工作中更加发奋努力。在此谨向 XX 教师致以衷心的感谢，感谢教师的辛勤培养！

感谢课题组为我提供的学习实践机会，感谢 XX 教师为我们搭建实训平台，在课题组的学习经历就像我生命中的一束光照耀我的人生。

感谢 XX 学院的各位教师们，论文的完成得益于你们的无私教育。感谢 4 年来与我朝夕相处的诸位同窗好友给予的帮助和关怀，你们的友情和关怀伴我度过了难忘的学习时光。

最后向在成长过程中所有给予我关心、教育和帮助的各位教师和朋友致以衷心的谢意。

8.3.9　参考文献

参考文献是毕业设计论文中不可缺少的组成部分，它反映论文的取材来源，以及材料的广博程度和可靠程度，也是作者对他人知识成果的承认和尊重。在论文中必须列入主要的参考文献，并且一般按论文中参考或引证的先后顺序排列，以阿拉伯数字编号。论文主体中用相应序号标识，并且将序号设置为上标。

本科生毕业论文的参考文献数一般至少 15 篇，其中外文参考文献至少两篇。

参考文献在论文中的作用如下。

（1）作为论文的重要组成部分，参考文献不仅能为作者的论点提供有力的论据，而且作者通读文献后提炼相关知识可以丰富自己的论文信息量。

（2）作者参阅和引用大量的科学文献，由于篇幅有限，不可能将所有引用成果都呈现在论文正文中，因此将引用的文献注明出处列在参考文献中。

（3）参考文献注明了被引理论、观点、方法和数据的来源，反映了论文的真实科学依据，没有参考文献或参考文献数量较少的论文反映了作者欠缺科学学风和态度。

8.3.10　附录

附录是对论文正文的补充，对于一些不宜放在正文中，但有参考价值的内容可编入其中。毕业论文的附录可以包括如下内容。

（1）学习期间参与的科研项目和学术论文。

（2）系统的使用说明书。

（3）公式推演。

（4）调查问卷。

（5）程序代码。

（6）论文中涉及的缩略词和专业术语说明。

附录除以上内容外，还可以包括实验器材和设备参数等。如果附录的类型不同，可以使用编号区分。

8.4 毕业论文的格式

（1）论文文字：一般用汉语简化字书写。

（2）论文字数：学士学位论文不少于 10 000 字（不含附录）。

（3）论文页面：论文用 A4 纸（210 mm×297 mm）标准大小的白色纸单面打印。版心大小为 155 mm×245 mm，页边距上、下均为 2.7 cm，左、右边距均为 2.5 cm，装订线为 0.8 cm，装订位置为左。每页 36 行，每行 41 字。

使用 Office Word 2013 软件进行论文格式设置和排版，选择"页面布局"→"页边距"→"自定义边距"选项，打开"页面设置"对话框，然后如图 8-7～图 8-10 所示设置页面。

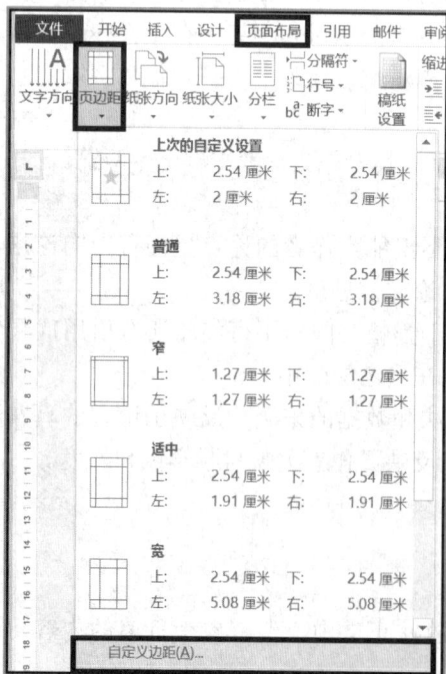

图 8-7 "自定义边距"选项

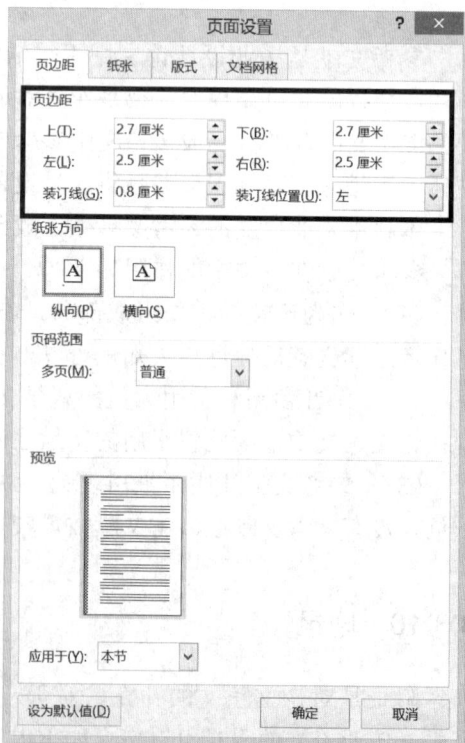

图 8-8 设置页边距

图 8-9　设置页眉页脚边距

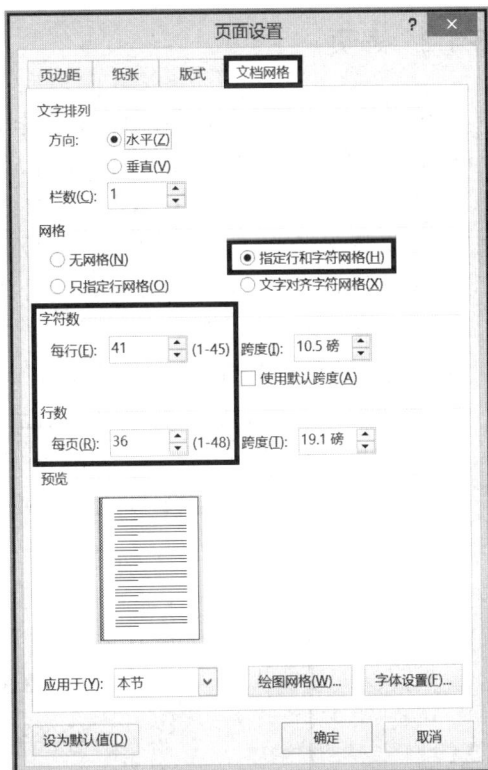

图 8-10　设置文档网格

一般来说，毕业论文的装订顺序为封面、扉页、摘要、目录、正文、致谢、参考文献和附录，本节按此顺序依次介绍论文格式。

8.4.1　封面

论文的封面可根据各学校的特色设置封面样式，独立一页。封面包括学校、论文标题、学号、姓名、院系、专业、指导教师等内容。封面一般使用 A4 彩色卡纸打印，除封面外，论文其他内容用 A4 白纸打印。封面的字体格式如下。

（1）学校标题：居中，华文行楷，初号，很多学校用校名图片取代该内容。

（2）学位标题：居中，宋体，小一号。

（3）论文题目：居中，宋体，二号。

（4）其他内容：居中，宋体，小三号。

封面格式可参考图 8-11，但需要注意的是不同学校使用的字体及格式各不相同。

图 8-11　论文封面

8.4.2　扉页

扉页又称为"副封面"，补充论文封面未涉及的信息，包括学校代码、论文提交和答辩日期、学位授予单位、答辩委员会主席，以及论文评阅人等。扉页的字体格式如下。

（1）学校或学院标题：居中，宋体，小二号。

（2）论文标题：居中，黑体，二号。

（3）作者名称：居中，宋体，三号。

（4）其他内容：宋体，四号。

扉页格式可参考图 8-12，学校不同对扉页的要求也不同，本格式仅供参考。

分类号_____	学校代码 _____
UDC _____ 密级 _____	学　　号 _____

XXXXXX 大学

XXXX 学院毕业论文

XXXXXXXX

XXX

指导老师：　_____

申请学位级别 _____专业名称 _____

　　　　　　论文提交日期：_____

　　　　　　论文答辩日期：_____

学位授予单位和日期 _____

　　　　　　答辩委员会主席：_____

　　　　　　论文评阅人：_____

图 8-12　论文扉页格式

8.4.3　摘要

摘要主要为读者提供论文的内容提要，中文摘要的格式如下。

```
摘　要(小三号宋体，加粗，居中，段落 段前、段后各一行)

    隔行书写摘要的内容，首行缩进2字符，小4号宋体，行距固定值19磅。

    摘要文字之后，隔一行顶格写关键词

关键词：XXX；XXX；XXX；......



（小四号，宋体，加粗）     （关键词3~8个，小四号，宋体，加粗）
```

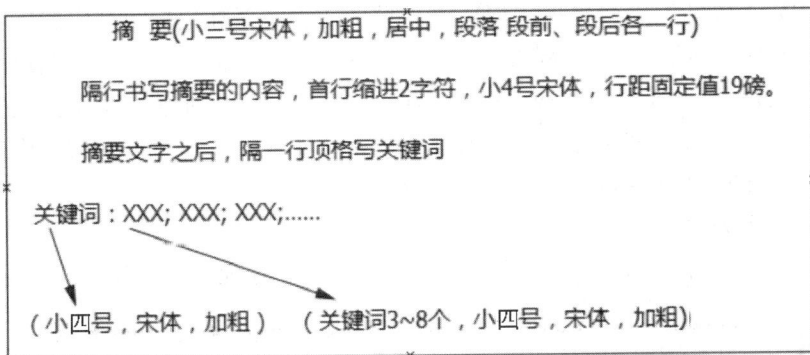

英文摘要的格式如下。

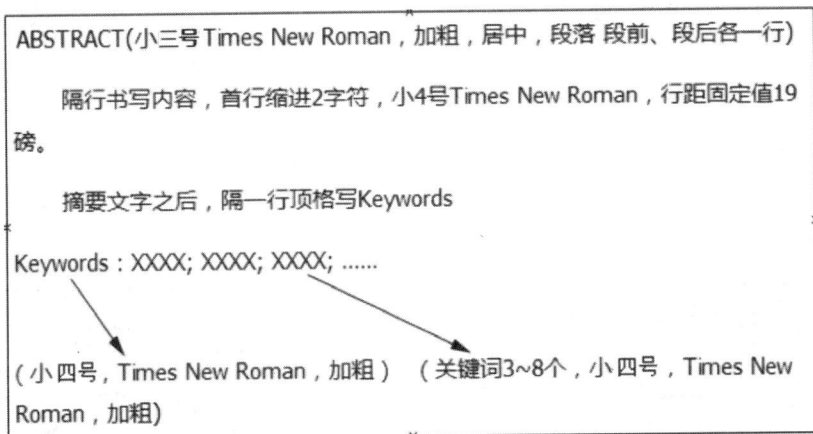

```
ABSTRACT(小三号 Times New Roman，加粗，居中，段落 段前、段后各一行)

    隔行书写内容，首行缩进2字符，小4号Times New Roman，行距固定值19
磅。

    摘要文字之后，隔一行顶格写Keywords

Keywords：XXXX；XXXX；XXXX；......



( 小四号，Times New Roman，加粗 )     （关键词3~8个，小四号，Times New
Roman，加粗)
```

8.4.4　目录

目录的标题应与正文中的标题一致，按三级标题编写，目录的格式规范如下所示。

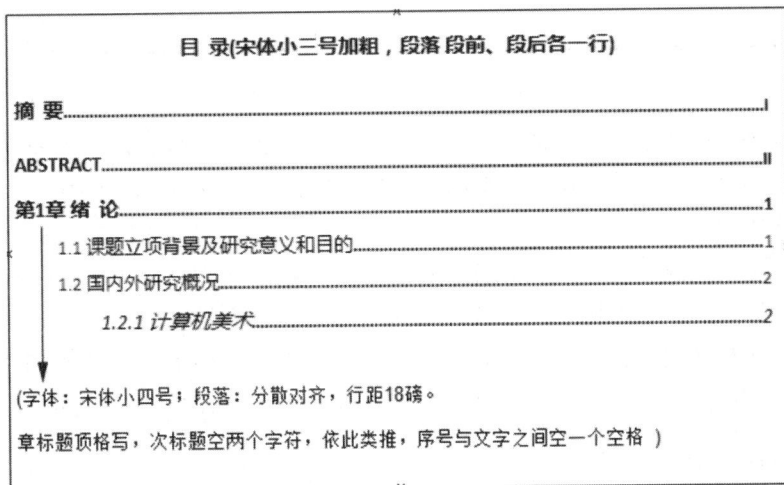

```
              目 录(宋体小三号加粗，段落 段前、段后各一行)

摘 要.................................................................................................I

ABSTRACT......................................................................................II

第1章 绪 论.......................................................................................1
    1.1 课题立项背景及研究意义和目的.......................................1
    1.2 国内外研究概况.................................................................2
        1.2.1 计算机美术.............................................................2

(字体：宋体小四号；段落：分散对齐，行距18磅。

章标题顶格写，次标题空两个字符，依此类推，序号与文字之间空一个空格 )
```

　　Office Word 软件为用户提供了自动生成目录功能，能够根据论文中的标题和对应页码自动生成论文的目录，且格式标准。当单击目录的章节标题时，论文将迅速切换到正文对应的内容；另外，当标题、编号、页码发生变化时，生成目录将自动更换这些变化。自动生成目录既获得了美观的目录，又减少了作者的编辑工作量，因此非常受用户的推荐。使用 Office Word 2013 软件自动生成目录的步骤如下。

（1）查找标题样式。

　　选择 Word "开始" 选项，在工作面板中选择对应的标题样式，如图 8-13 所示。

图 8-13　标题样式

（2）设置样式。

　　选中论文中的标题 "第一章　绪论"，单击样式框中的 "标题 1"，得到如图 8-14 的效果。

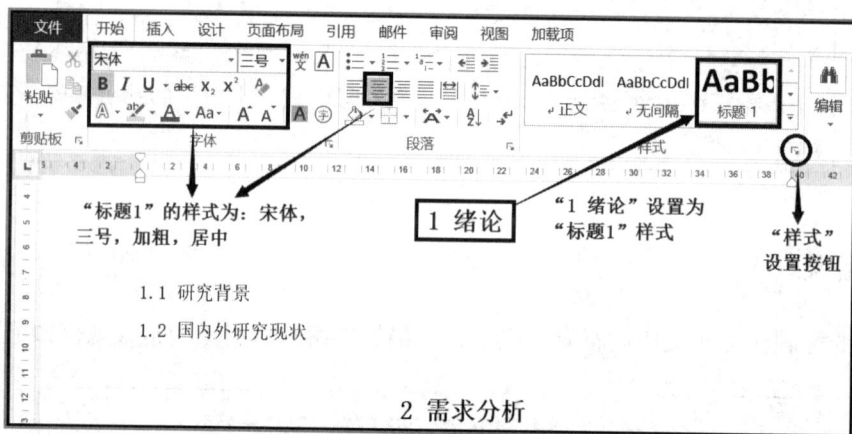

图 8-14　设置 "标题 1"

　　其中，该论文的 "标题 1" 样式为宋体、三号、加粗、居中。但是不同的 Word 版本可能会有不同的 "标题 1" 样式，即字体、字号、居中方式等与例题不同。

（3）修改样式。

　　毕业论文规定标题 1 的样式为宋体、小三号、加粗，居中，上下各空一行。与第 2 步设置的标题 1 样式的字号不同，应修改样式的字号为 "小三号"。

- 单击图 8-14 的 "样式设置" 按钮，显示 "样式" 对话框，如图 8-15 所示。
- 右击 "标题 1" 样式，选择 "修改" 选项，显示 "修改样式" 对话框。
- 设置字号大小为 "小三" 号，如图 8-16 所示。

图 8-15　"样式"对话框　　　　　　　　图 8-16　设置字体

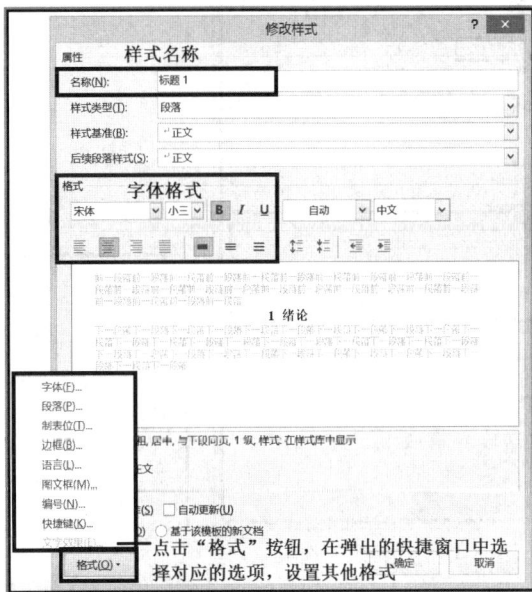

- 　单击"格式"按钮，选择其他格式选项，继续修改样式的其他格式。

（4）设置论文中所有标题。

重复前面的步骤，设置论文中的所有标题，并按论文规定的格式规范修改样式，最终形成图 8-17 所示的效果。

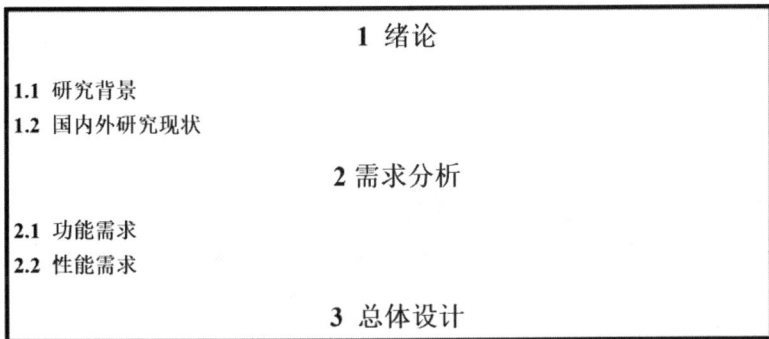

图 8-17　论文标题样式的效果

（5）自动生成目录。

- 　选择"引用"→"目录"选项，如图 8-18 所示。
- 　选择"自动目录 1"选项，自动生成目录，如图 8-19 所示。
- 　将"目录"标题居中对齐。

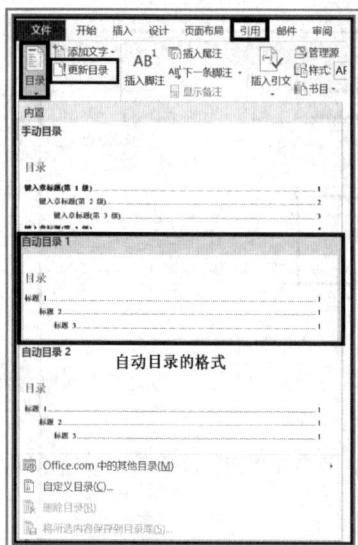

图 8-18　"目录"选项

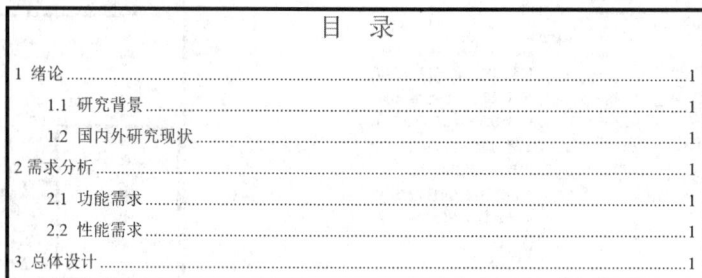

图 8-19　自动生成目录

（6）更新目录。

论文页码或标题名在目录自动生成后做了修改，不需要重新生成目录，只需要更新目录。

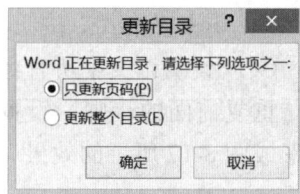

- 选择"引用"→"更新目录"选项，显示"更新目录"对话框，如图 8-20 所示。
- 根据实际情况选择"只更新页码"单选按钮或"更新整个目录"单选按钮。
- 单击"确定"按钮。

图 8-20　"更新目录"对话框

8.4.5　正文

毕业论文的正文包括绪论、论文主体、总结、致谢等内容，需要使用文字、图表、公式、代码等工具，并且会出现大量的专业名称、数据、单位等，因此需要规范这些相关信息的格式。

正文整体的规范格式如下。

（1）字体：中文为宋体，英文为 Times New Roman，拉丁文为斜体。

（2）字号：小四号。

（3）段落：首行缩进两个字符，行距为固定值 19 磅，左对齐；左、右缩进为 0；段前、段后间距为 0。

（4）所有行距除了目录部分为固定值 18 磅外，摘要、正文及参考文献的行距均为固定值 19 磅。

8.4.5.1　标题

各章标题的字数一般在 15 个字以内，不使用标点符号。各级标题均单独一行，标题末尾不加标点。关于标题的样式设置和修改参见 8.4.4 节。

所有章节标题的编号采用分级阿拉伯数字编号方法，第 1 级为"1""2"等；第 2 级为"2.1""2.2"等；第 3 级为"2.2.1""2.2.2"等，分级阿拉伯数字的编号一般不超过 4 级。第 4 级的标题顺序采用 A.B.C.…或 a.b.c.…编号。在设置过程中，标题编号切忌重号。

正文中对总项包括的分项采用(1)、(2)、(3)、…单独序号，对分项中的小项采用①、②、③、…的序号或数字加半括号，括号后不再加其他标点。

★注意：当一章内容写作完毕，下一章要另起一页撰写。

标题设置要求如表 8-4 所示。

表 8-4　标题设置

标题级别	字体、字号	段　　落	备　　注
第 1 级	宋体，小三号，加粗	大纲级别 1 级，居中，首行缩进 0 字符。段前、段后间距各 1 行，行距为固定值 19 磅	单独一行，末尾不加标点标题序号和名称之间空一个字符
第 2、3 级	宋体，小四号，加粗	大纲级别 2 级或 3 级，两端对齐，首行缩进 0 字符。段前、段后间距各 0.5 行，行距为固定值 19 磅	
第 4 级	宋体，小四号，加粗	大纲级别 4 级，两端对齐，首行缩进 2 字符。段前、段后间距各 0 行，行距为固定值 19 磅	

为论文设置相应的标题，效果如图 8-21 所示。

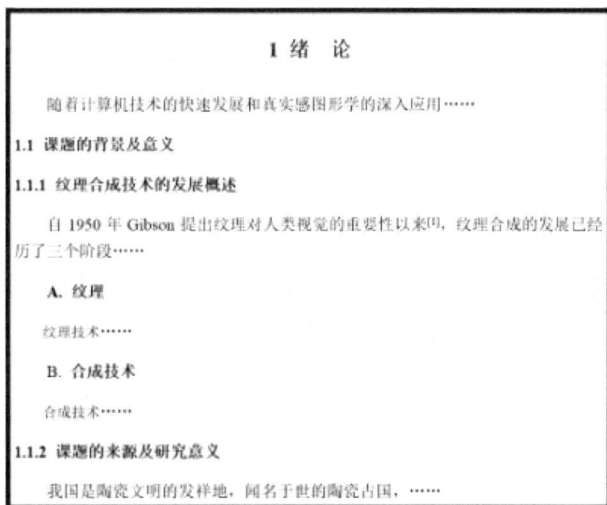

图 8-21　标题设置后的效果

为方便快速地查找论文章节，Word 为用户提供了一个方便实用的工具。即导航，用其能快速准确地查找到对应的标题，操作步骤如下。

（1）选择"视图"菜单项，选择"导航窗格"复选框。左侧按标题顺序和级别显示导航，如图 8-22 所示。

（2）选择导航的某个章节，论文自动切换到该章节对应的内容。

这个"导航"工具可以极大地方便作者撰写、修改和查找论文。

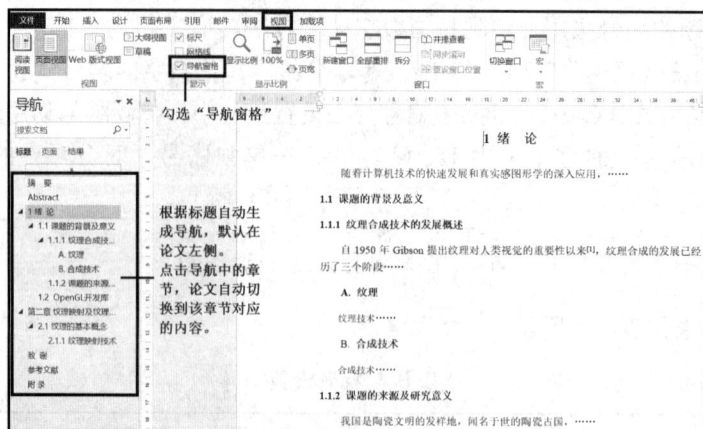

图 8-22　导航

8.4.5.2　字体、字号和段落

毕业论文的正文的字体、字号和段落有相应的规范，如表 8-5 所示。

表 8-5　正文的字体、字号和段落规范

文字类型	字体、字号	段　　落
中文	宋体，小四号	大纲级别：正文，两端对齐，首行缩进 2 字符。左、右缩进 0；段前、段后间距各 0 行，行距：固定值 19 磅
英文	宋体，小四号	大纲级别：正文，两端对齐，首行缩进 2 字符。左、右缩进 0；段前、段后间距各 0 行；行距为固定值 19 磅

设置的步骤如下。

（1）选择"开始"菜单项，单击"字体"选项卡右下角的按钮（形状为斜箭头），显示"字体"对话框。设置字体和字号等选项，如图 8-23 所示。

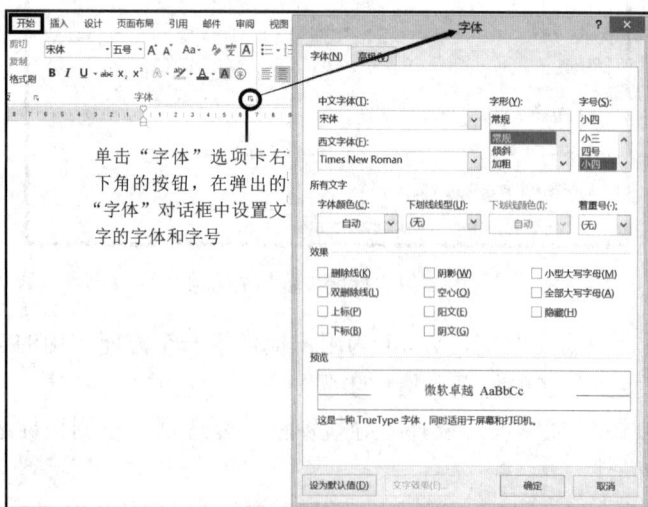

图 8-23　设置字体和字号

（2）单击"确定"按钮。

（3）单击"段落"选项卡右下角的按钮（形状为"斜箭头"），显示"段落"对话框。设置缩进和间距等选项，如图 8-24 所示。

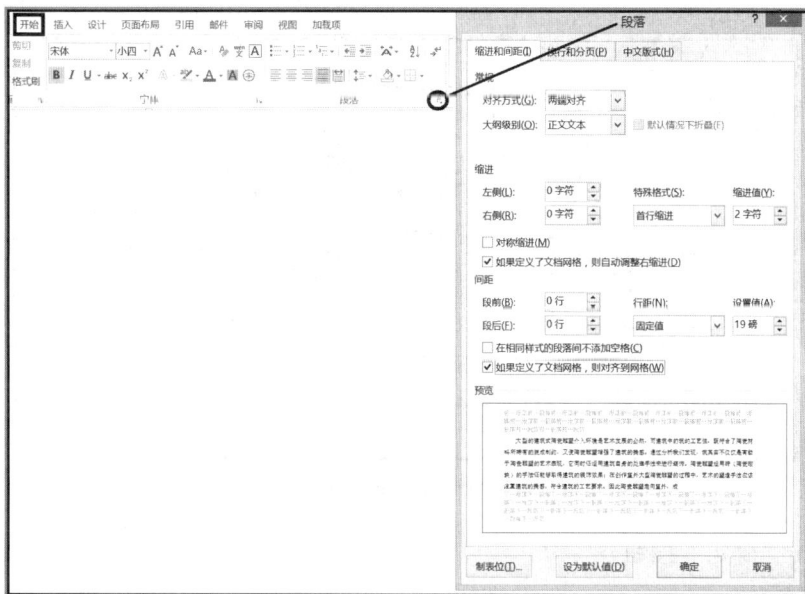

图 8-24　设置缩进和间距等选项

（4）单击"确定"按钮。

8.4.5.3　项目符号和编号

论文中对总项包括的分项需要设置项目符号或编号，操作方法如下。

（1）项目符号。

- 选择论文内容。
- 选择"开始"菜单项，单击项目符号按钮的向下箭头，显示"项目符号库"对话框。
- 单击"项目符号"按钮，生成项目符号列表，如图 8-25 所示。

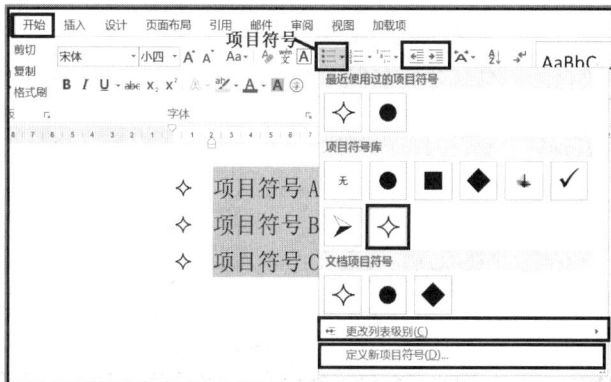

图 8-25　项目符号列表

- 若对已有符号不满意，可增加符号。选择"项目符号"对话框中的"定义新项目符号"选项，显示"定义新项目符号"对话框。
- 单击"符号"按钮，显示"符号"对话框。
- 选择合适的符号，该符号即为新增的项目符号，如图 8-26 所示。

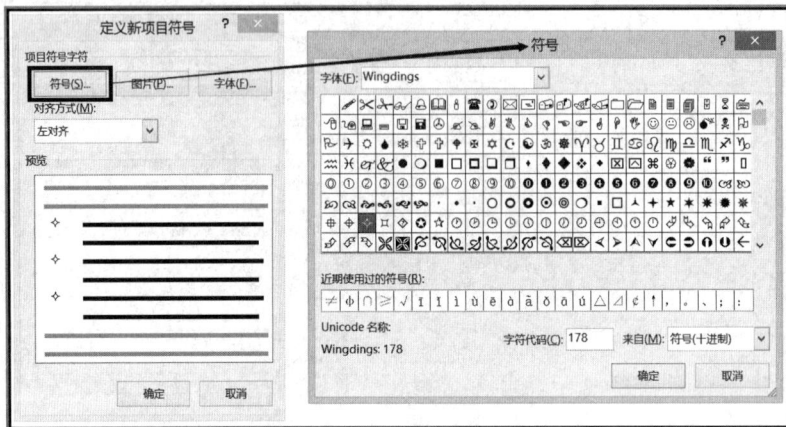

图 8-26　新增的项目符号

- 单击"确定"按钮。

（2）编号

正文中的项目编辑一般采用（1）、（2）、（3）、…单独序号，对分项中的小项采用 ①、②、③、…的序号或 1）、2）、3），括号后不再加其他标点。

- 选择论文内容。
- 选择"开始"菜单项，单击"编号"按钮的向下箭头，显示"编号"工作面板。
- 选择"编号"样式，生成编号列表，如图 8-27 所示。

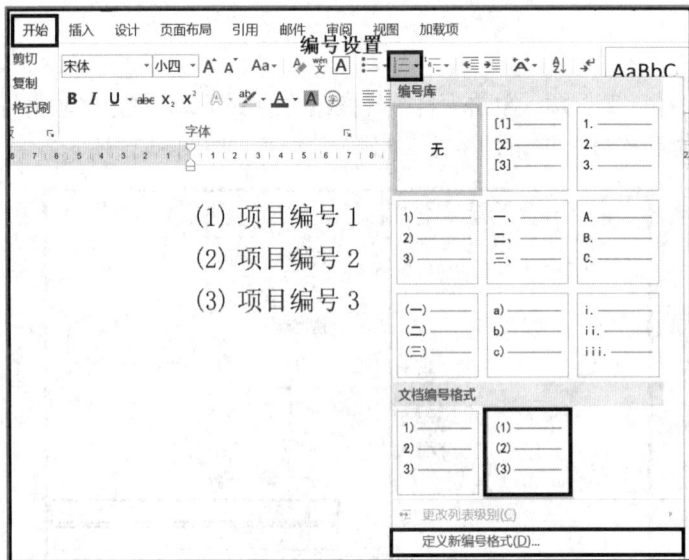

图 8-27　生成编号列表

8.4.5.4 图

论文中的图要求居中显示，然后向下另起一行。在正下方标示图的编号和名称，编号和名称之间空一格，图号按章编号。例如，第 2 章的第 1 张图和第 5 张图分别编号为图 2-1 和图 2-5。

图主要有两种来源，即待画图和已有图。

待画图指与软件工程相关的图，如系统总体功能图、程序流程图、用例图等。在 Word 中选择"插入"→"形状"选项后可以绘图，但排版极不方便，不建议使用。绘制待画图推荐使用 Office 系列的 Visio 软件，它是一款专业的图表制作软件。由于与 Word 属于同一系列，因此在 Word 中双击 Visio 图可在 Visio 环境中编辑该图，操作非常简便。Office Visio 2013 界面如图 8-28 所示，关于该软件的具体操作请查阅相关资料。

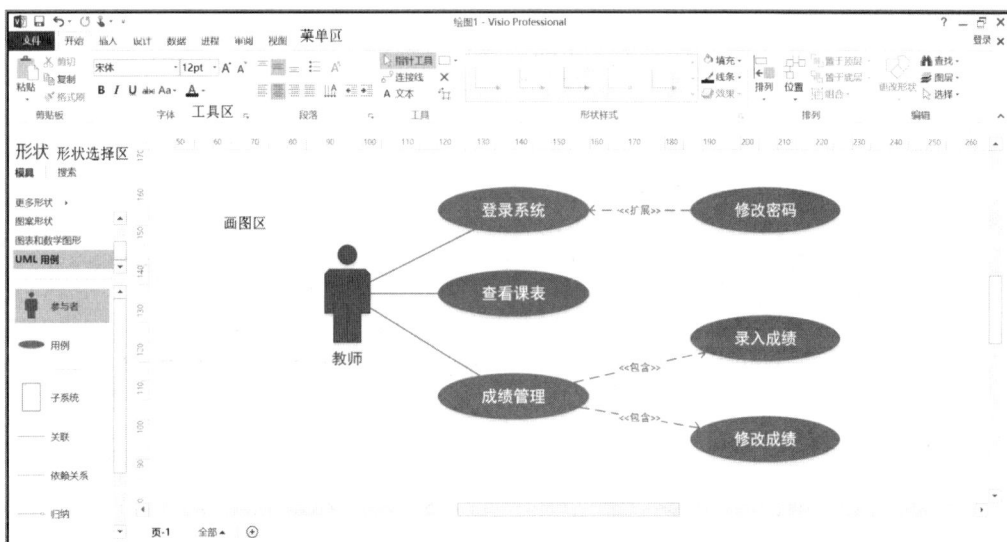

图 8-28 Office Visio 2013 界面

已有图指从相关电子设备（相机、扫描仪、手机、QQ 截图等）中获取的图，可以直接插入到论文中的相应位置。如需编辑图，推荐使用专用图像处理软件 Photoshop，它可以有效地对图像进行处理加工，例如，图文混编、图像合成、校色及调色等。

在论文的对应位置插入图有如下两种方法。

（1）选择"插入"→"图片"选项，选择相应的图后插入。

（2）复制粘贴图到论文中。

下面介绍两种插入图像后可能会遇到的 3 个问题。

（1）插入图像后只显示图的底部，如图 8-29 的右图所示。

出现这种情况的原因是论文设置的段落行距是固定值，插入的图像行距超过了该固定值。解决办法是选中图像，设置段落行距为单倍行距。

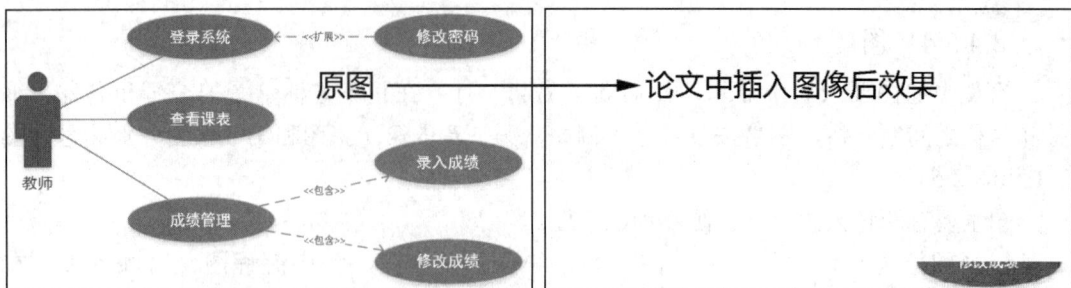

图 8-29 只显示底部图

（2）论文中的图非常多，Word 文档的容量大，解决办法如下。

- 右击论文中的某图，选择"设置图片格式"选项，显示"设置图片格式"对话框。
- 打开"图片"选项卡，单击"压缩"按钮，显示"压缩图片"对话框。
- 选择"文档中的所有图片"选项，压缩图片容量，如图 8-30 所示。

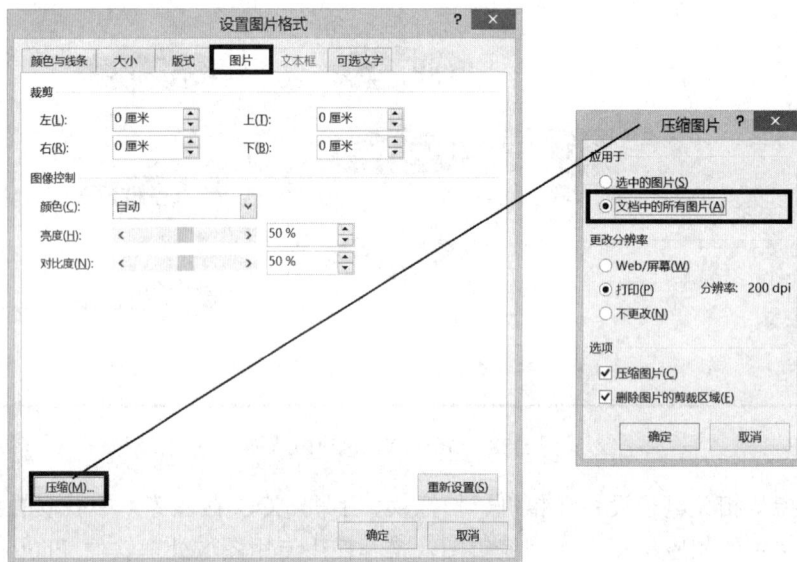

图 8-30 压缩图片

（3）插入图后出现图文重叠的乱像，解决方法如下。

- 右击出现图文重叠的图，选择"设置图片格式"选项，显示"设置图片格式"对话框。
- 打开"版式"选项卡，选择"嵌入型"的图片环绕方式。文字和图像立即分离，如图 8-31 所示。

图 8-31　设置图片版式

8.4.5.5　表格

论文中经常出现大量数据，使用表格表示数据可以使论文整洁美观。表格要求居中显示，表的编号和名称在表格正上方。编号和名称之间空一格，表格内文字为五号字。表号按章编号，可以参见图的编号。

（1）插入表格。

选择"插入"→"表格"选项，显示"插入表格"工作面板，有如下两种插入表格的方式。

- 图形方式，如图 8-32 所示。
- 单击"插入"标签，在显示的"表格属性"对话框中设置表格属性后插入表格，如图 8-33 所示。

图 8-32　插入表格

图 8-33　设置表格属性

（2）编辑表格。

- 右击表格，选择"表格属性"选项，显示"表格属性"对话框。
- 设置表格、行、列、单元格、边框等属性。
- 单击"确定"按钮。

8.4.5.6 公式

公式的规范格式为居中对齐，每个公式对应一个编号，编号按章编排且右对齐。

在论文中输入公式的操作步骤如下：

（1）选择"插入"→"对象"选项，显示"对象"对话框。

（2）选择"Microsoft 公式 3.0"选项和"显示为图标"复选框，如图 8-34 所示。

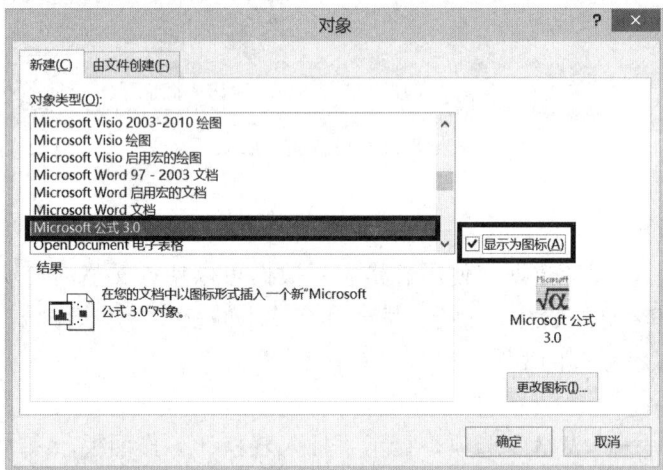

图 8-34 选择"Microsoft 公式 3.0"选项和"显示为图标"复选框

（3）单击"确定"按钮。

（4）在公式编辑器中编写公式，然后将编写好的公式复制粘贴到论文中，最终效果如图 8-35 所示。

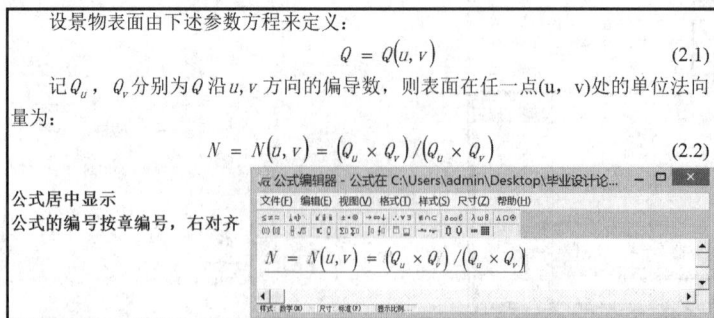

设景物表面由下述参数方程来定义：

$$Q = Q(u, v) \tag{2.1}$$

记 Q_u，Q_v 分别为 Q 沿 u, v 方向的偏导数，则表面在任一点(u, v)处的单位法向量为：

$$N = N(u, v) = (Q_u \times Q_v)/(Q_u \times Q_v) \tag{2.2}$$

公式居中显示
公式的编号按章编号，右对齐

图 8-35 编辑公式的最终效果

如果公式非常多且有大量推演过程，建议在 Word 中安装专业的公式编辑器 MathType 工具。

8.4.5.7　页眉页脚

毕业论文中的页眉一般设置学校、学位、章节；页脚主要设置页码。学校不同对页眉页脚的设置标准也不相同，但字号统一都是小五号，且单行显示。

页眉格式如下。

（1）字体：中文为宋体，英文为 Times New Roman。

（2）字号：小五号。

（3）段落：分散对齐，单倍行距，首行缩进 0；左、右缩进为 0；段前、段后间距为 0。

页脚格式如下。

（1）字体：中文为宋体，英文为 Times New Roman。

（2）字号：小五号。

（3）段落：居中对齐，单倍行距，首行缩进 0，左、右缩进为 0，段前、段后间距为 0

1. 设置页眉

（1）插入页眉。

选择"插入"→"页眉"选项，选择"空白"选项插入空白页眉，如图 8-36 所示。

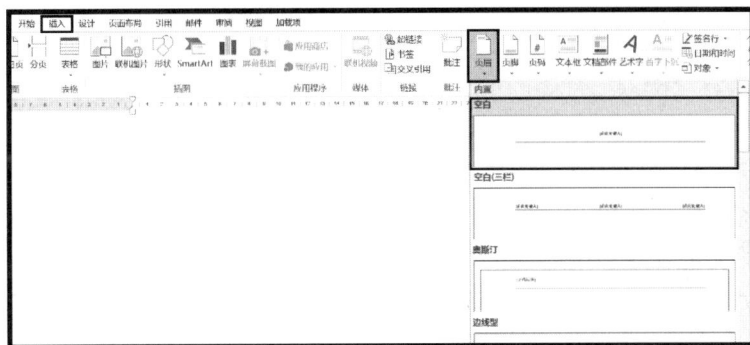

图 8-36　插入空白页眉

（2）编辑页眉。

* 单击默认生成的空白页眉位置。

* 设置段落为分散对齐，可以保障页眉内容左右两端分别对齐，使页眉美观。

* 输入页眉信息，左侧为某高校学位论文，右侧为该页对应的章节名（一般是一级标题名），如图 8-37 所示。

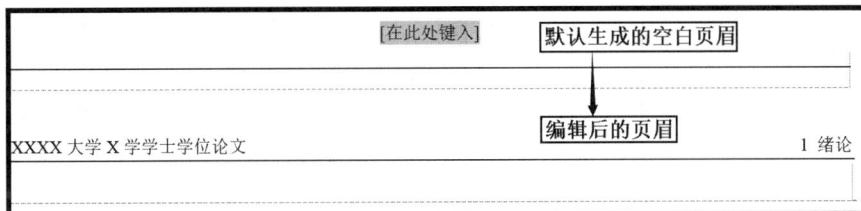

图 8-37　输入页眉信息

（3）分章节设置页眉。

编辑页眉后论文中所有页的页眉全部相同，但毕业论文要求页眉内容随章节标题名变化。分章节设置页眉的操作步骤如下。

- 选择"文件"→"选项"选项，显示"Word 选项"对话框。
- 选择"显示"选项后选择"显示所有格式标记"复选框，如图 8-38 所示，论文中的空格、段落标记、分节符等标记都将显示出来。

图 8-38　选择"显示所有格式标记"复选框

- 单击"确定"按钮。
- 选择论文前一章的最后位置。
- 选择"页面布局"→"分隔符"选项，选择"下一页"选项插入分节符，如图 8-39 所示。

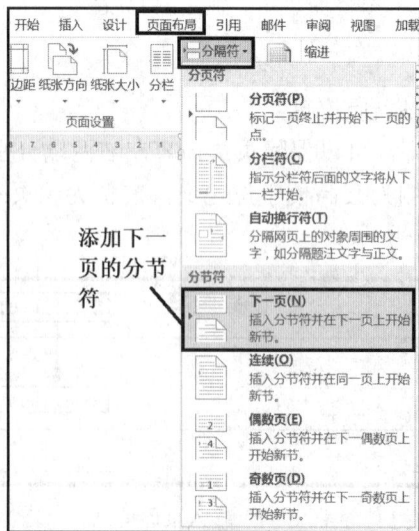

图 8-39　插入分节符（下一页）

- 页面自动跳转到下一章开始位置，删除多余的"段落标记符"，输入新一章的标题和内容。
- 设置新一章的页眉，如图 8-40 所示。

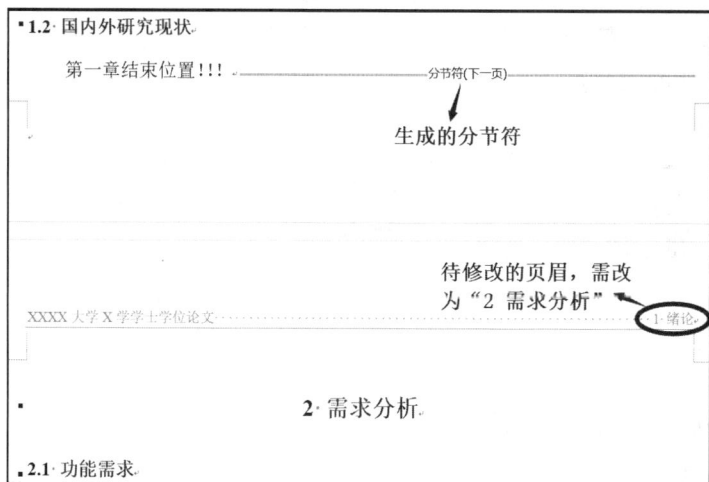

图 8-40　设置新一章的页眉

- 双击"2 需求分析"页面的页眉，显示"设计"选项卡。
- 清除"链接到前一条页眉"复选框，如图 8-41 所示。

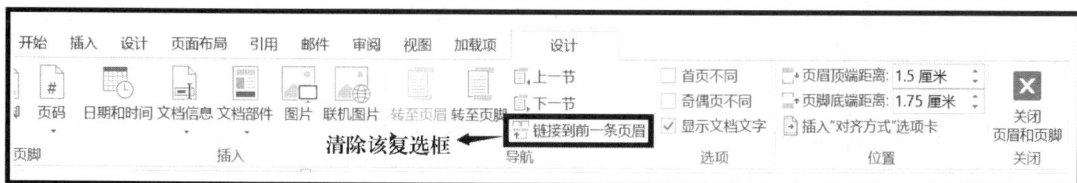

图 8-41　清除"链接到前一条页眉"复选框

- 修改"2 需求分析"页面的页眉内容，图 8-42 所示为章节"1 绪论"和"2 需求分析"的页眉对比。

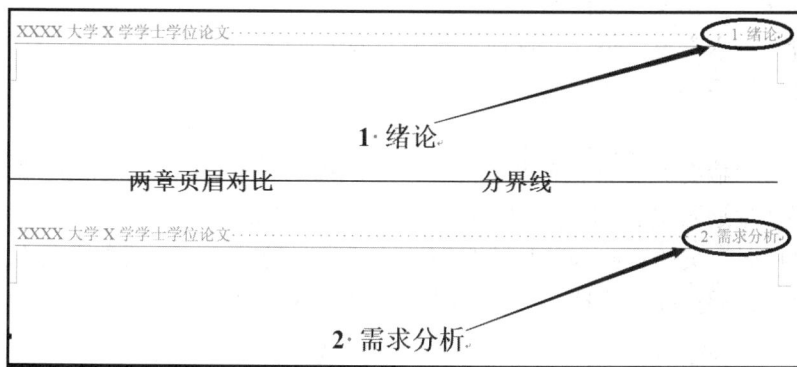

图 8-42　章节"1 绪论"和"2 需求分析"的页眉对比

- 重复以上步骤，设置其他章节的页眉。

毕业论文中的封面和扉页不需要页眉，取消页眉的方法如下。

- 双击"摘要"章的页眉，清除"链接到前一条页眉"复选框。
- 删除封面和扉页的页眉内容，剩余一条黑色直线。
- 单击"开始"菜单项，单击"清除所有格式"按钮（图 8-43 中所有黑色方框的按钮），删除黑色直线。

图 8-43　"清除所有格式"按钮

至此，成功删除封面和扉页的页眉。

2. 设置页脚

页码在版心下边线之下隔行居中放置；摘要、目录等正文前部分的页码用大写罗马字母单独编排，正文以后的页码用阿拉伯数字编排，从 1 开始编号。

（1）插入分节符（下一页）。

在论文的各章节（如封面、扉页、中文摘要、英文摘要、目录、正文各章、总结、致谢、参考文献、附录）的最后位置插入了分节符（下一页），操作方法如下。

- 选择前一章的最后位置。
- 选择"页面布局"→"分隔符"选项，选择"下一页"选项，添加分节符（下一页）。
- 页面自动跳转到下一章开始位置，删除多余的"段落标记符"。

具体细节参见 8.4.5.7 节。

（2）清除"链接到前一条页眉"复选框。

- 选择中文"摘要"页面的任意位置。
- 选择"插入"→"页脚"选项，单击"编辑页脚"按钮，打开"设计"选项卡。
- 清除"链接到前一条页眉"复选框。

（3）插入页码。

- 在中文"摘要"页面选择"插入"→"页码"选项，单击"页面底端"选项。
- 选择"普通数字 2"选项，插入页码位于页脚居中位置。

此时，"摘要"页的页码为阿拉伯数字 3。这是因为中文"摘要"之前有封面、扉页两个页面，它们分别占据了编号 1 和 2 的页码，如图 8-44 所示。

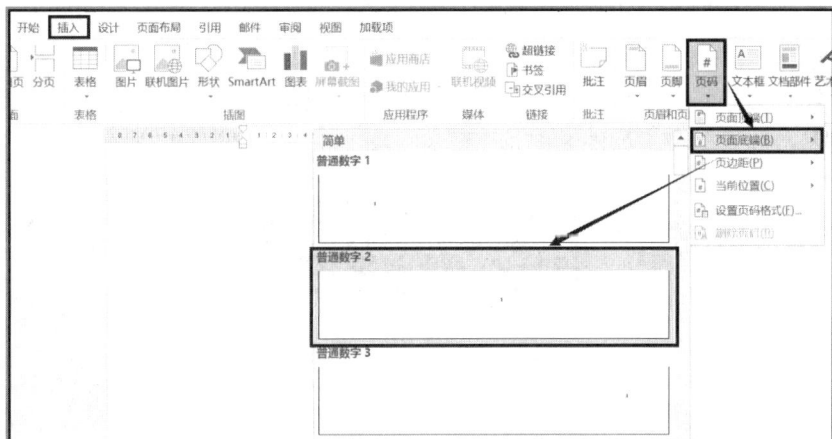

图 8-44　插入页码

（4）设置中文"摘要"页面的页码格式。

- 双击中文"摘要"页面的页脚，打开"设计"选项卡。
- 选择"设计"→"页码"选项，选择"设计页码格式"选项，显示"页码格式"对话框。
- 设置"编号格式"为"Ⅰ,Ⅱ,Ⅲ,…"选项，在"页码编号"选项组中选择"起始页码"单选按钮，并且设置参数为"1"，表示该页从Ⅰ开始编号，如图 8-45 所示，该页的页码格式对比如图 8-46 所示。

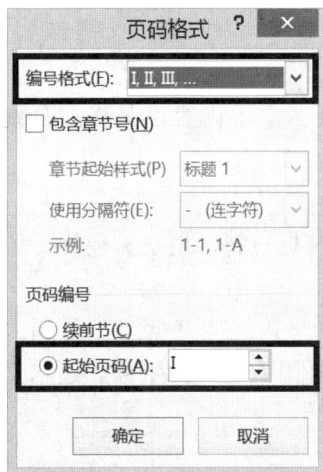

图 8-45　设置"摘要"页面的页码格式

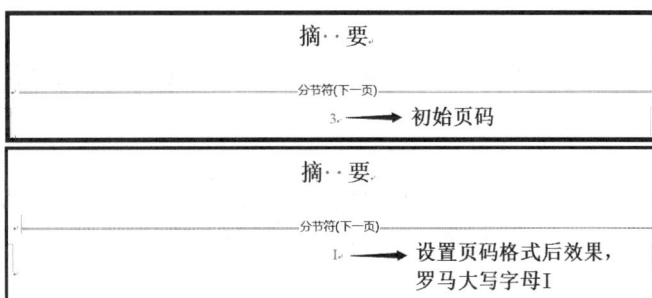

图 8-46　"摘要"页面的页码格式对比图

- 后序的英文摘要和目录也按第（4）步操作，唯一区别是选择"页码格式"对话框中的"续前节"单选按钮，延续之前的页码编号Ⅱ，Ⅲ等。

至此，论文正文之前的页码设置结束。

（5）设置正文的页码格式。

- 双击正文第一章第 1 页的页脚，打开"设计"选项卡。

- 选择"设计"→"页码"选项，选择"设计页码格式"选项，显示"页码格式"对话框。
- 设置"编号格式"为"1,2,3,..."选项，"页码编号"选择"起始页码"选项，且设置参数为"1"，如图 8-47 所示。

图 8-47　设置正文第 1 页的页码格式

- 单击"确定"按钮。

设置正文第 1 页的页码后，正文后序的页码自动按阿拉伯数字顺序编排。

8.4.5.8　其他

论文中还会出现标点符号、专业名词、量和单位，以及数字等内容，其格式分别如下。

（1）标点符号。

毕业设计（论文）中的标点符号应按新闻出版署公布的《标点符号用法》使用。

（2）专业名词。

使用外文缩写代替某一名词术语时，首次出现时应在括号内注明其含义。外国人名一般采用英文原名，按名前姓后的原则书写。一般很熟知的外国人名（如牛顿、达尔文、马克思等）可按通常标准译法写译名。

（3）量和单位。

量和单位必须采用中华人民共和国的国家标准 GB3100～GB3102-93，它是以国际单位制（SI）为基础的。非物理量的单位，如件、台、人、元等，可用汉字与符号构成组合形式的单位，例如，件/台、元/km。

（4）数字。

毕业设计（论文）中的测量统计数据一律用阿拉伯数字，但在叙述不很大的数目时一般不用阿拉伯数字，如"他发现两颗小行星""三力作用于一点"。大约的数字可以用中文数字，也可以用阿拉伯数字，如"约一百五十人"也可写成"约 150 人"。

8.5　毕业论文查重

教育部 2016 年 6 月颁布了《高等学校预防与处理学术不端行为办法》，其中明确了 7 类学术不端行为，即剽窃、抄袭、侵占他人学术成果；篡改他人研究成果；伪造数据或捏造事实；不当署名；提供虚假学术信息；买卖或代写论文，以及其他严重违反公认的学术准则、违背学术诚信的行为等。教育部和各高校已经加大力度打击论文造假行为，使用论文查重系统加强查重流程规范。

8.5.1　论文查重系统

所有本科学生毕业论文在毕业答辩前进行论文查重检测。

一般在如图 8-48 所示的"中国知网"（网址为 http://check.cnki.net/pmlc/）大学生论文检测系统（简称"PMLC"）查重论文。

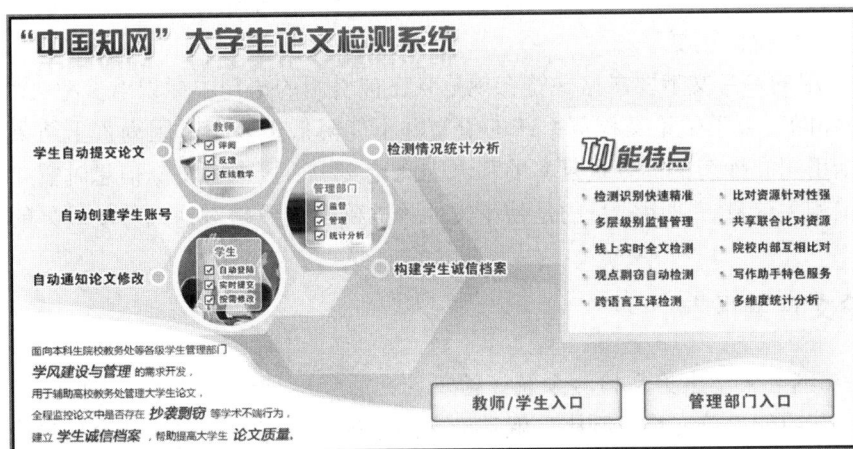

图 8-48　"中国知网"大学生论文检测系统

中国知网是目前世界上中文全文信息量规模最大的数字图书馆，其数据库的覆盖范围广泛，查重规则较科学合理，检测结果全面而准确。该系统是目前中国高校认可度最高的查处学术不端行为的查重软件，但不对个人开放。

8.5.2　论文查重标准

各高校设定的论文查重标准各不相同，论文的最终重复率高于标准将启动一票否决机制，学生将被禁止参加毕业答辩。

某高校的本科生毕业论文查重标准如下。

（1）优秀毕业论文的重复率<10%。

（2）毕业论文的重复率<25%为检测合格，可参加毕业答辩。

（3） 毕业论文的重复率≧25%为检测不合格，学生修改论文后复检，重复率<25%方可参加答辩。

8.5.3　查重论文的格式

查重论文的格式包括如下内容。

（1） 检测论文的格式应符合本科毕业论文的撰写要求，以 Word 文档或 PDF 格式提交电子稿。论文名称的格式为"学号_学生姓名_论文名称"，扩展名为"doc"或"docx"或"pdf"。在"中国知网"论文查重时 Word 格式比 PDF 更加准确，推荐该格式。

（2） 论文标题和章节标题的字符数限制在 50 个字符内，如果超出范围，则提交失败。

（3） "中国知网"大学生论文检测系统要求论文总字符数不超过 6 万个字符，论文大小不超过 15 MB。

（4） "中国知网"大学生论文检测系统论文查重时不检测论文的封面、页眉页脚、致谢、参考文献和图片，检测方法是将提交的论文和"中国知网"数据库中已收录的论文进行对比，从而得出重复率。

（5） 引用的参考文献要求格式符合规范且在被引用的语句中标识出参考文献编号。

"中国知网"大学生论文检测系统的引文并不能降低重复率，因为查重结果的总文字复制比包括引用和抄袭两部分重复率的和，因此论文中引用参考文献信息时需要自己归纳总结并加工相关信息。引用的目的是使论文的论据确凿，更是对他人劳动成果的尊重。

8.5.4　论文查重报告

"中国知网"大学生论文检测系统在检测论文后会出具一份"文本复制检测报告单"的电子稿，其中的"总文字复制比"就是论文的查重率。这一数据表示论文抄袭和引用的比例，以其衡量作者的学术规范。

查重报告会显示检测论文的全部内容，以不同颜色标识不同的内容，黑色文字表示自己撰写部分；红色文字表示文字复制部分；黄色文字表示引用部分。论文作者根据查重报告的结果修改论文内容，尤其是标红文字。

总之，毕业论文查重对学术不端行为有较好的遏制作用，但它仅仅是一种学术规范的技术手段。建立健全科学研究学术的道德规范，培养学生的学术诚信才是关键。

第 9 章　毕 业 答 辩

毕业答辩是学校有组织、有计划、有鉴定的审查毕业论文的重要环节，是进一步审查论文真实性和检验学生综合素质及能力水平的一种重要手段。

9.1　毕业答辩的目的

毕业答辩由答辩教师就毕业论文提出有关问题，学生当面回答。答辩过程中有"问"、"答"和"辩"，因此得名"毕业答辩"。毕业答辩的目的对于组织者（校方）和答辩者（论文作者）完全不同。

校方组织论文答辩的目的如下。

（1）进一步考查和验证答辩者对所著论文的认识程度和当场论证的能力。

虽然学生提交了毕业论文，论文中描述了对研究问题的认识情况和相关研究工作，但受论文篇幅影响或答辩者写作能力的限制，其中并未提及答辩教师关注的问题。毕业答辩为双方提供了问与答过程，这一过程可以让答辩教师了解论文作者对毕业论文的认识程度和当场论证的能力。

（2）进一步考查论文作者掌握专业知识的综合程度。

毕业论文要求学生综合运用所学知识独立地分析和解决问题，培养和锻炼学生科学研究的能力。在毕业答辩期间答辩教师可以就论文内容考查学生是否具备综合运用知识解决问题的能力，并且了解学生的创新能力和创造能力。答辩过程还能检验学生的应答、应变和表述能力。

（3）审查毕业论文是否为学生独立完成。

毕业设计在教师的指导下完成，但因过程持续时间长，所以教师不能每时每刻监控这个过程，很难做到没有疏漏。毕业答辩通过问与答可以很好地鉴别论文作者对设计过程和论文的熟悉程度，从而保证论文质量。

答辩者的答辩目的是为了顺利获得毕业设计成绩按时毕业，取得毕业证书。学生要顺利通过毕业答辩首先要了解上述毕业答辩目的，熟悉毕业流程，做好答辩准备，并对论文的内容和研究情况有比较全面的熟悉和理解。

9.2　毕业答辩的流程

毕业答辩的流程即学生参与答辩的整个过程，一般分为如下 5 个步骤。

1. 认识答辩组成员

毕业答辩领导小组根据参加答辩学生及教师的人数划分为若干个答辩小组予以公布，每个小组教师 3～5 人，各小组同时分别答辩。答辩者要先了解所在组的答辩组成员的姓名、职称和主要研究方向。

2. 开始答辩

答辩小组由小组长主持，首先介绍答辩程序并要求小组成员严格按答辩评分项目及评分细则评分，然后宣布开始答辩。

3. 陈述演示

各高校针对本科生的毕业答辩时间有所不同，这里以某高校的答辩时间为例介绍。毕业生用 10 分钟左右的时间陈述自己的毕业设计和论文，然后用 10 分钟左右的时间演示毕业设计。自我陈述时间应该包括如下陈述内容。

（1）论文的题目和指导教师姓名。

（2）毕业设计选题的背景。

（3）论文的内容框架（设计类论文的系统设计、功能成果和亮点特色；理论类论文的论点、论据、论证方法和结论，突出重点，详略得当）。

（4）论文的理论和实践意义。

（5）对自己论文的评价（创新之处、不足之处和展望）。

答辩人可以先陈述再演示，也可以边陈述边演示，根据实际情况选择。演示毕业设计是为了验证论文的结果或论点，为防止意外，可以提前录制视频在答辩时播放。

4. 提问回答

教师提问和学生回答的时间控制在 10 分钟左右，答辩教师一般提 3 个以上问题，主要涉及毕业设计论文中相关的专业基础、专业、操作或应用。教师提问后答辩人有如下回答问题的方式。

（1）返场回答：让答辩人独立准备 15～20 分钟后回场回答。

（2）随问随答：答辩教师提出问题要求答辩人当场立即回答。

（3）顺序回答：答辩教师一次性提出所有问题，答辩人在听清楚并记录后按顺序逐一回答。

根据答辩人回答的具体情况主答辩教师和其他答辩教师随时即兴提问，提问和回答的同时答辩小组秘书详细记录答辩过程。

5. 休会合议

所有学生答辩结束后退场休会，答辩小组的所有教师根据论文质量和答辩情况通过合议拟定成绩和评语。并且告之学生是否通过毕业答辩，最后由答辩各组组长汇总答辩结果提交给答辩委员会。

9.3　毕业答辩的准备事项

毕业答辩前学生要做好充分准备，重视如下相关事项。

1.　熟悉论文内容

仔细阅读自己的论文，解决以下问题。

（1）明确各章节的主要内容和逻辑关系。

（2）明确设计类论文的分析、设计、实现过程和成果，熟悉理论类论文的论点、论据，一一整理出实验设计、应用和结论。

（3）理解论文中涉及的专业术语和专业名称的概念。

（4）理顺论文写作的过程和体会，明确论文写作的目的和意义。

（5）仔细审查并反复推敲论文中有无自相矛盾、谬误、片面或模糊不清处，如果发现存在上述问题，则要做好充分准备，即补充、修正和解说等。

2.　准备答辩演示文档

根据毕业论文内容制作与其相关的演示文档，即 PPT。答辩时答辩人在个人陈述时借助于 PPT 为答辩小组的教师展示自己的研究内容和成果，因此 PPT 的内容要紧密围绕毕业论文制作。一般毕业答辩的 PPT 主要介绍选题背景，设计类论文的重点是系统设计、关键技术、功能成果和亮点特色；理论类论文则是论点、论据、论证方法、应用分析和结论。

PPT 页面不要堆积密密麻麻的文字，应提炼少量文字。并且尽量使用图表说明，最后答辩陈述时延伸阐述。毕业答辩的 PPT 一般为 10 页左右，力争美观大方。

3.　了解与论文相关的资料

（1）相关理论：与论文相关的理论和观点。

（2）国内外研究现状：所研究问题目前的国内外研究现状。

（3）参考文献：论文中引用的参考文献的主要观点和来源渠道等。

（4）相关的研究热点：论文今后能否与相关热点结合。

（5）不足：论文中还有哪些不足或待改进处，还有哪些在研究过程涉及但在论文中未介绍的内容等。

4.　准确把握答辩时间

某高校规定的答辩人的陈述时间为 10 分钟，演示为 10 分钟，答辩教师提问为 10 分钟。答辩人一定要在规定的时间内陈述和演示完毕，超时或被强制停止，给答辩教师留下不好的印象。

答辩前答辩人可以利用 PowerPoint 软件预讲排练，计算陈述的时间并做必要的调整和修改。反复演练多几次，以提高答辩时的熟练程度。

9.4 毕业答辩的注意事项

毕业答辩的注意事项如下。

（1）答辩教师的提问。

为检查学生对论文的掌握和理解程度，答辩教师提出的全部是论文所涉及的学术范围之内的问题，并且一般是从检验真伪、探测能力和弥补不足这 3 个方面提出问题。

（2）自信。

放松心情可以缓解紧张和压力，熟悉自己的论文和研究过程可以增加自信。自信是一种积极的人生态度，相信通过自己的努力一定能够实现既定的目标。

（3）资料齐全。

携带电脑、纸笔和论文，安装调试毕业设计完成的系统、PPT 和演示视频等。要记录答辩教师提出的问题、意见和待改进的建议，并准备好毕业答辩相关资料，答辩时可有序地打开查阅。

（4）陈述内容。

陈述内容时应尽量言简意赅且重点突出，对毕业论文的观点、关键问题、解决过程和创新点等要了然于胸。

（5）回答问题。

听清楚答辩教师的问题之后再回答，回答问题要清晰明确且正面回答，切忌答非所问。对于自己把握不太大的问题，可以试着回答和解释，不要把话说得过满；对于不会的问题不要紧张，也不要强辩。

（6）文明礼貌。

答辩过程中要尊重答辩组的教师，言行举止要文明礼貌。

9.5 评定答辩成绩

答辩小组依据"答辩评分标准"评定成绩，然后答辩小组秘书收集所有成员的答辩成绩，统计平均分作为最终的答辩成绩。

（1）若某学生的毕业答辩评分≥60 分，则其毕业设计最后的总成绩为：

指导教师评分×30%+评阅教师评分×30% +毕业答辩评分×40%

（2）若某学生的指导教师或评阅教师的评分<60 分，则取消该生的正常答辩资格，并根据实际情况确认是否推迟答辩。

（3）若某学生的小组毕业答辩评分< 60 分，则该生的毕业设计最后评分计为不及格。

各高校对毕业设计总成绩的计算公式有不同规定，某高校规定总成绩= 指导教师评分×30%+评阅教师评分×30% +毕业答辩评分×40%，最终计算得到的总成绩是具体的数字。后期需要将总成绩的数字转换为等级，分为 5 个等级，即优秀（90～100 分）、良好（80～89 分）、中等（70～79 分）、及格（60～69 分）和不及格（60 分以下）。

第10章 实 例

本章选取了 3 篇毕业论文为实例仅读者参考，其中两篇设计类论文和 1 篇理论类论文。受本书篇幅限制，提供的毕业论文有部分删减。

三宝村平安小区管理系统

摘 要

随着我们国家城镇化进程速度不断加快，大量社区如雨后春笋般涌现，如何更有效率更方便地对城镇社区人口、房屋和重要物品进行实质性的管理成为一个急需解决的难题。针对这个问题，2012 年昌江公安分局以三宝村作为试点工程引入计算机技术创建"三宝村平安小区管理系统"，对该村 220 户 922 人实有人口及关联信息进行"网格化"管理，打造"三宝平安村"。目前，该平台已成功运用于三宝村，并顺利通过多次上级检查。

关键词：三宝平安村；社区管理；服务平台；和谐社区

Abstract

Along with the accelerating pace of urbanization in China, numerous communities spring up everywhere, and how to take on a substantive management on those communities with a better efficiency and convenience becomes an urgent issue. The management includes substantive management on population, housing, and important items of urban community. The Public Security Bureau of ChangJiang district has taken Sanbao village as a pilot project to build a management system of making sanbao village a safer and hamonious area with the application of computer technology. The system aims to create a service platform--- "Safe Sanbao Villiage" --- by using the grid management on the 220 households and 922 villagers. At present, the platform has been successfully used in sanbao village and passed several leadership inspections.

KeyWords: Safe Sanbao Villiage; Community management; the Service platform; Harmonious community

1 前言

建设平安小区是构建和谐社会、加快经济发展和保障人民群众安居乐业的重要载体。为深入推进"平安小区"工程建设，充分整合和利用社区资源，提高社区居民满意度，朝着努力实现"社区和谐、群众满意"的目标迈进，我们将努力打造安定祥和及安居乐业的社区环境；同时拥有详细可靠的调研需求也为以后系统顺利开发和投入使用提供重要的保障和依据。

2 系统总体方案设计

2.1 系统设计思想

本系统将采用 B/S 模式开发，并且部署在 Windows 环境下运行。本着管理员操作实用、快捷和高效的原则，该系统设定 4 种角色，即超级管理员、乡镇或街道管理员、村管理员和网格管理员，每种管理员都有相应权限执行不同的操作。通过社区资源、服务、管理在网格中聚集实现了对人口、地理（房屋、楼栋和小区）和组织的全面创新的社区管理模式，独创了人、房和物关联信息平台。

2.2 系统功能模块

根据用户需求分析可知该系统主要针对三宝村的住户、房屋信息和用户重要物品进行相互关联管理，据此可将系统分 4 个模块，即房屋信息管理、住户信息管理、系统信息设置和地图模块。系统总体模块如图 1 所示。

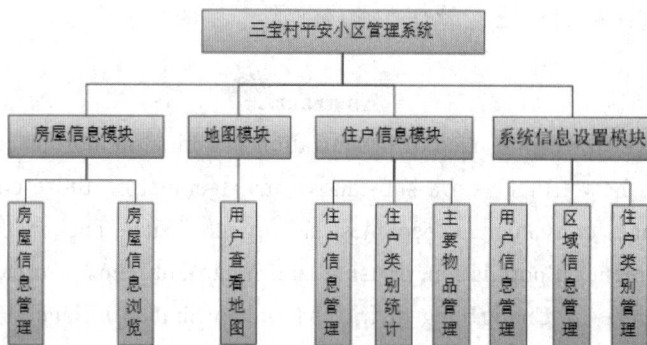

图 1 系统总体模块

2.3 系统流程

管理员进入登录界面后，如果密码验证错误，则系统提示用户账号或密码错误；如果账号和密码无误，则进入系统默认界面，用户可以根据需要操作。系统总体流程如图 2 所示。

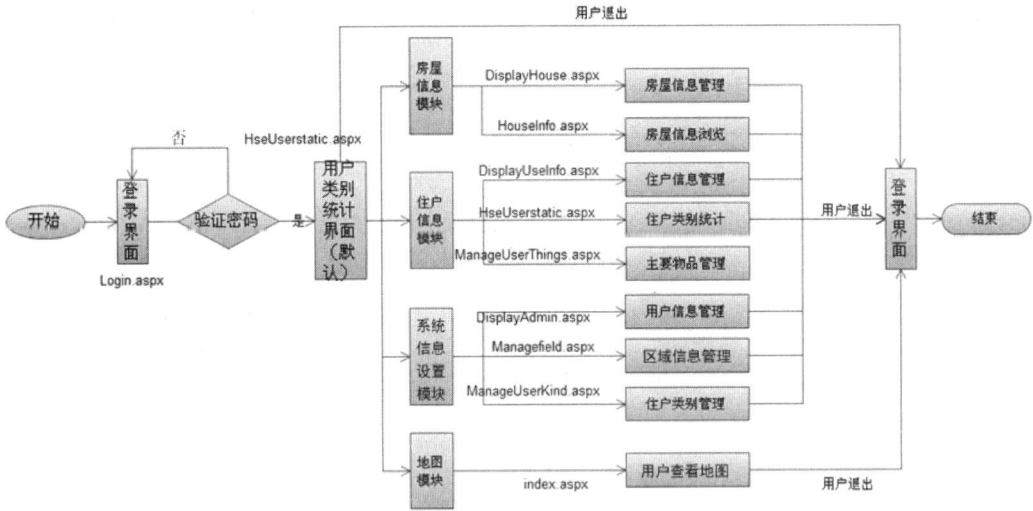

图 2　系统总体流程

2.4　数据库设计

2.4.1　需求分析

数据库关系如图 3 所示。

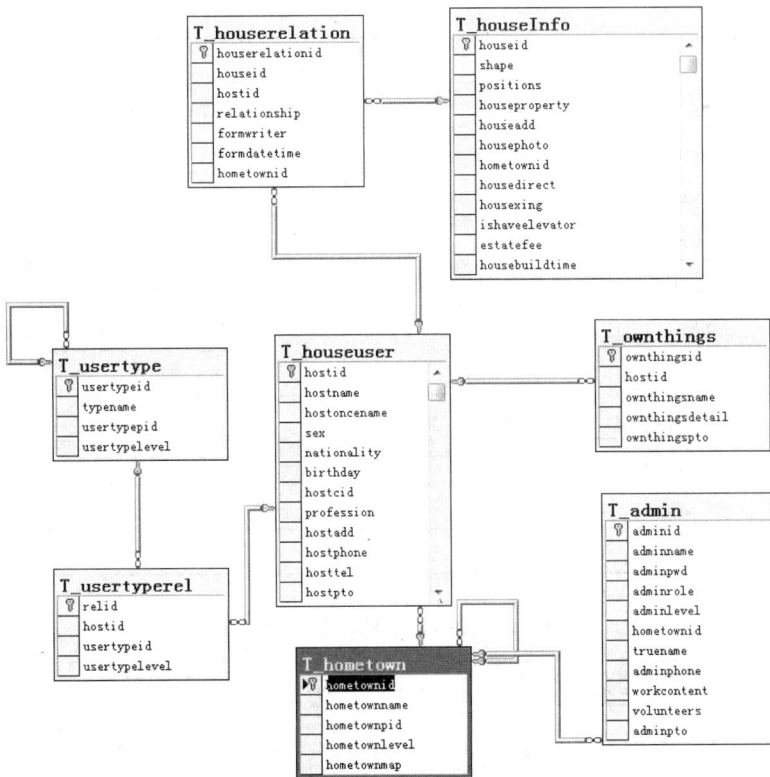

图 3　数据库关系

该系统共有 6 个实体（管理员、房屋、住户、类别、区域和物品），之间的关系如图 4 所示。

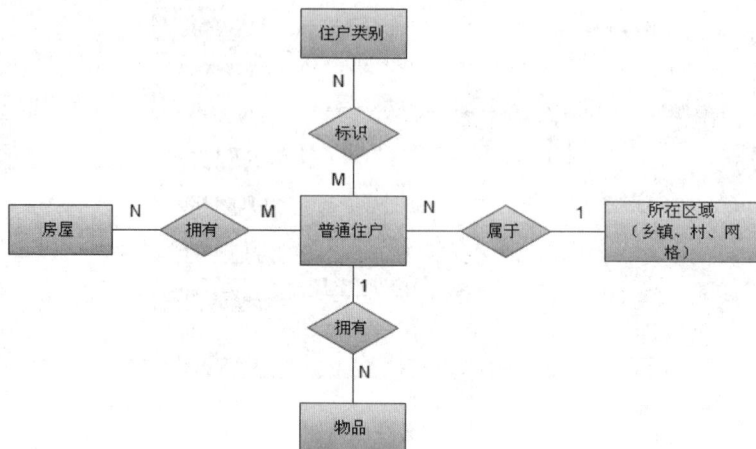

图 4　6 个实体间的关系

2.4.2　数据表设计

该系统设计了 8 个数据表，分别如表 1～表 8 所示。

表 1　T_admin 管理员

字 段 名	数据类型	长　　度	是否为空	字段说明
adminid	int		Not null	主键（自动增长，种子为 1）
adminname	nvarchar	20	null	管理员账号
adminpwd	nvarchar	50	null	管理员密码
adminrole	nvarchar	30	null	管理员角色
adminlevel	nchar	1	null	管理员级别
hometownid	Int		null	外键（T_hometown）区域 id
truename	nvarchar	20	null	真实姓名
adminphone	nvarchar	20	null	联系方式
workcontent	nvarchar	50	null	工作职责
volunteers	nvarchar	200	null	志愿者
adminpto	nvarchar	50	null	管理员照片

表 2　T_houseInfo 房屋信息表

字 段 名	数据类型	长　　度	是否为空	字段说明
houseid	Int		Not null	主键（自增长，种子为 1）
shape	Nvarchar	160	null	热点形状
radius	Nvarchar	160	null	半径

（续表）

字 段 名	数据类型	长　　度	是否为空	字段说明
position	Nvarchar	160	null	热点坐标
houseproperty	Nvarchar	50	null	房屋性质（别墅/公寓）
houseadd	Nvarchar	180	null	房屋地址（门牌号）
housephoto	Nvarchar	50	null	房屋照片
hometownid	Int		null	外键（区域 id）
housedirect	Nvarchar	30	null	房屋朝向
housexing	Nvarchar	50	null	房型（X 室 X 厅）
ishaveelevator	Nvarchar	4	null	是否有电梯
estatefee	Nvarchar	50	null	物业收费
housebuildtime	smalldatetime		null	房屋建成时间
housearea	Nvarchar	30	null	房屋面积
housefloor	Nvarchar	20	null	房屋楼层

表 3　T_hometown 区域表

字 段 名	数据类型	长　　度	是否为空	字段说明
hometownid	int		Not null	主键（自动增长，种子为 1）
hometownname	nvarchar	60	null	区域名
hometownpid	int	50	null	关联主键
hometownlevel	nvarchar	30	null	区域级别（市、区、乡和村/街）
hometownmap	nvarchar	50	null	区域地图

表 4　T_houseuser 住户表

字 段 名	数据类型	长　　度	是否为空	字段说明
hostid	Int		Not null	主键（自增长，种子为 1）
hostname	Nvarchar	20	null	住户姓名
hostoncename	Nvarchar	20	null	曾用名
sex	Char	2	null	性别
nationality	Nvarchar	150	null	民族
birthday	smalldatetime		null	出生年月
hostcid	Nvarchar	30	null	身份证号
profession	Nvarchar	10	null	职业
hostadd	Nvarchar	200	null	住户户籍
hostphone	Nvarchar	20	null	住户移动电话
hosttel	Nvarchar	15	null	住户联系方式
hostpto	Nvarchar	50	null	住户照片
hometownid	Int		null	外键

表5   T_houserelation 房屋住户关系表表

字　段　名	数据类型	长　　度	是否为空	字段说明
houserelationid	Int		Not null	主键（自增长，种子为1）
houseid	Int		Not null	外键（房屋 id）
hostid	Int		null	外键（住户 id）
relationship	Nvarchar	60	null	与房主关系
formwriter	Nvarchar	20	null	填表人
formdatetime	smalldatetime		null	填表时间

表6   T_ownthings 重要物品表

字　段　名	数据类型	长　　度	是否为空	字段说明
ownthingsid	int		Not null	主键（自动增长，种子为1）
hostid	Int		null	外键（住户 id）
ownthingsname	nvarchar	60	null	重要物品名
ownthingsdetail	nvarchar	160	null	重要物品的详细介绍
ownthingspto	nvarchar	30	null	重要物品照片

表7   T_usertype 人口类型表

字　段　名	数据类型	长　　度	是否为空	字段说明
usertypeid	int		Not null	主键（自动增长，种子为1）
typename	nvarchar	60	null	类别名
usertypepid	int		null	自表关联（usertypeid）
usertypelevel	nchar	1	null	类别级别

表8   T_usertyperel 人口类型详情表

字　段　名	数据类型	长　　度	是否为空	字段说明
relid	int		Not null	主键（自动增长，种子为1）
hostid	int		null	外键（T_houseuser）住户 id
usertypeid	int		null	外键（T_usertype）人口类型 id

2.5　系统的边界类分析

系统边界类如图5所示。

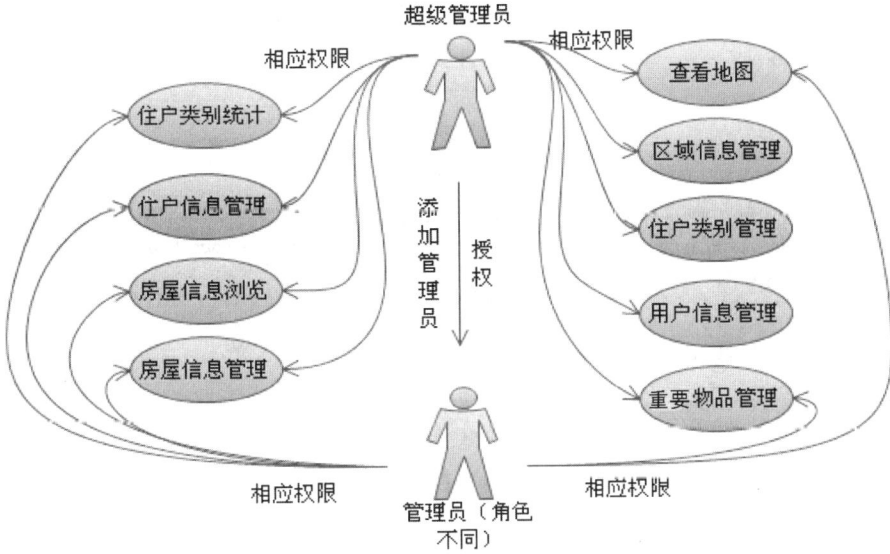

图 5　系统边界类

3　系统详细方案设计

3.1　房屋信息模块

3.1.1　主要功能

房屋信息的主要功能如下。

（1）房屋信息管理。

通过表格展现管理员所在区域的房屋信息，可以查看该房屋的照片，目的是让用户有感性认识。可以通过单击详细信息按钮来查看该房屋所有住户的情况和房屋信息，也可以新增房屋信息和查询房屋。

（2）房屋信息浏览。

根据管理员身份能呈现其管理区域的所有房屋信息，还可以查看该区域的所有住户（住户通过与房主同住产生关联）。其中备注项用来标识该用户的类别，如常住人口、分离人口和低保户等。用户还可以查看该住户的重要物品信息，极大地方便管理员了解每所房屋和其中住户的信息，这种方式对他们的工作十分有益。

3.1.2　流程

房屋信息模块的流程如图 6 所示。

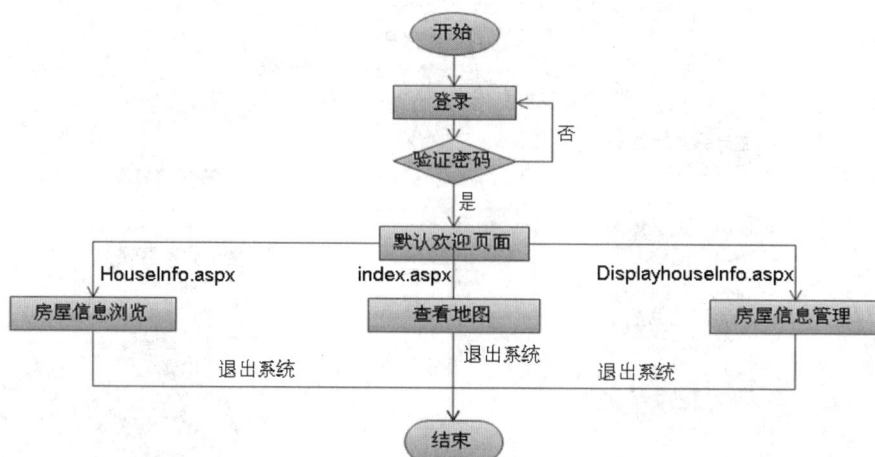

图 6　房屋信息模块的流程

3.1.3　界面设计

房屋信息浏览界面如图 7 所示。

图 7　房屋信息浏览界面

3.2　住户信息模块

3.2.1　功能

住户信息模块的功能如下。

（1）住户信息管理。

该模块主要显示住户信息，为管理员增加了查询的功能。查询条件包括住户名、住户类别、住址和区域，并且具有增删查改住户的功能。

（2）住户类别统计。

为方便社区管理人员的管理，住户类别主要以有色小圈来标注该住户的身份，目前住户的类别为如下 5 大类。

- 实住人口类别。

包括常住人口、人户分离人口、流动人口、境外人口和外国人等。

- 民生人口类别。

包括低保户、孤寡老人、留守儿童、孕龄妇女、五保户、困难户、残疾人员和失学儿童等。

- 治安人口类别。

包括两劳释放人员、精神病人员、上访户、邪教人员、社区矫正人员、吸毒人员、非法宗教人员、劣迹人员和服刑人员等。

- 特殊身份类别。

包括人大代表、政协委员、民主人士、陶瓷艺术大师和园艺师等。

- 其他特殊技能人员。

包括开锁、刻章、具有攀爬能力和其他人员。

可以动态添加住户类别，能统计该区域住户各个小类别的人口数量和该区域总人数。

（3）重要物品管理。

添加住户信息后可以继续为该住户添加重要物品信息并上传该物品的照片，以最大程度地采集该物品的信息。重要物品管理模块对该小区的治安管理有很大帮助，减少了一些偷窃事件的发生。

3.2.2 流程

住户信息模块的流程如图 8 所示。

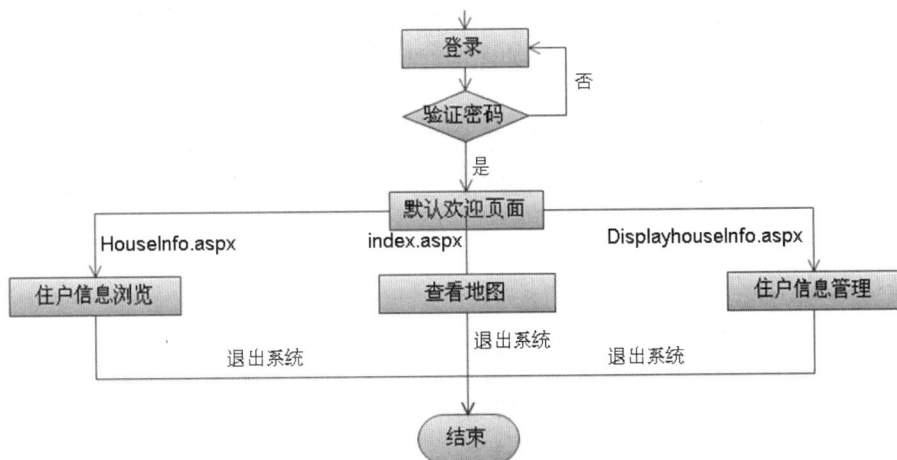

图 8 住户信息模块的流程

3.2.3 界面设计

住户类别统计界面如图 9 所示。

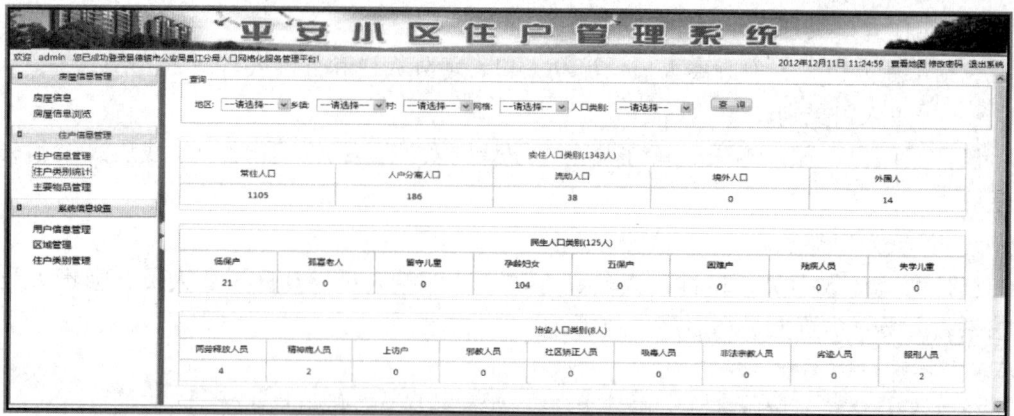

图 9　住户类别统计界面

3.3　系统信息设置模块

3.3.1　功能

系统信息设置模块的功能如下。

（1）用户信息管理。

该系统的管理员级别分为 4 级，即公安局管理员（超级管理员）、乡镇或街道管理员、村管理员和网格管理员。其中超级管理员拥有最高权限，能执行所有操作，而网格管理员是权限最低的。

（2）区域信息管理。

根据管理员登录的角色确定权限，根据权限来确定所能添加的区域。超级管理员能添加所有区域，网格管理员则不具备添加区域的权限。

（3）住户类别管理。

住户类别分为 5 类，即常住人口类别、民生人口类别、治安人口类别、特殊身份类别和其他特殊技能人员。超级管理人员对这 5 类住户的类型做管理，实现增删修查功能。

3.3.2　流程

系统信息设置流程如图 10 所示。

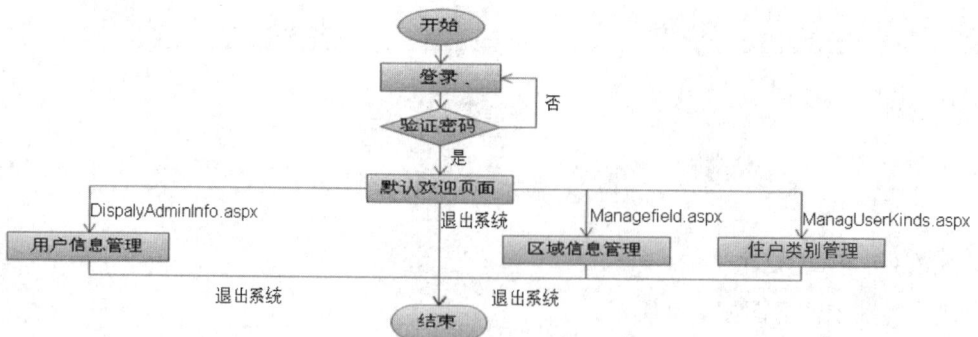

图 10　系统信息设置流程

3.3.3　界面设计

系统信息设置模块的用户管理界面如图 11 所示。

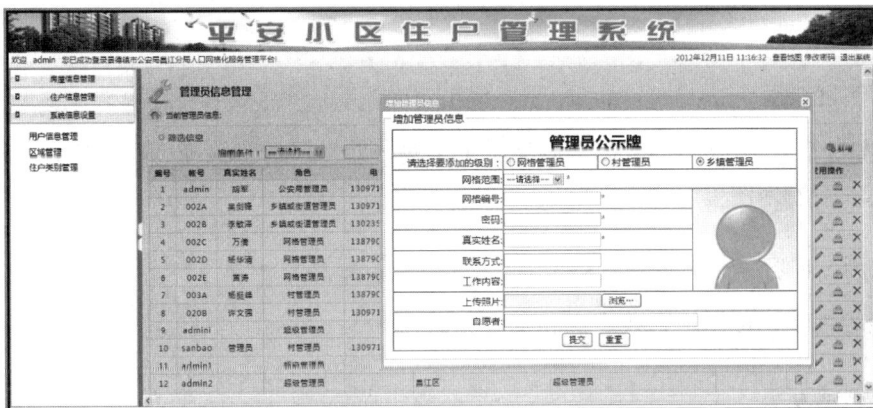

图 11　系统信息设置模块的用户管理界面

3.4　查看地图模块

3.4.1　功能

管理员登录系统后单击"查看地图"按钮进入查看地图界面，查看地图模块将"网格化"一词具体化。通过查看地图界面我们可以清楚地了解到本社区分为 3 个大的网格，每个网格以不同的颜色标注，以网格为单位对该区域的房屋、住户和重要物品进行管理。地图上的每个圆圈或方形区域代表一座房屋，可通过单击该圆圈或方式区域了解该住户和房屋的具体信息。

3.4.2　界面设计

查看地图模块的用户查看房屋信息界面如图 12 所示。

图 12　查看地图模块的用户查看房屋信息界面

4 系统测试

4.1 测试概要

1. 测试范围

"三宝村平安小区管理系统"包括 4 个模块，即房屋信息管理、住户信息管理、系统信息设置和查看地图模块。

2. 测试内容

功能、性能、可用性、兼容性和安全测试。

3. 测试方法

静态和动态测试（黑盒和白盒测试）。

4. 测试工具

HttpWatch 是强大的网页数据分析工具，集成在 Internet Explorerg 工具栏中，包括网页摘要、Cookies 管理、缓存管理、消息头发送/接收、字符查询、POST 数据和目录管理，以及报告输出功能。这是一款能够收集并显示深层信息的软件，用其统计页面链接时间和容量；另外选择 WebInspect 做安全测试。

5. 测试环境

如表 9 所示。

表 9 测试环境

硬件环境	应用服务器	客户端
硬件配置	CPU：Intel(R)Xeon(R) 1.6 GHz 内存：1 GB 硬盘：68 GB	CPU：Intel(R) Core (R) 2.2 GHz 内存：2 GB 硬盘：250 GB
软件配置	Windows Server 2003 IIS 6.0 SQL Server 2000	Windows XP SP2 IE 8.0

6. 测试说明

测试用例给定预期结果、测试结果和错误原因，在与本报告一同提交的测试缺陷报告中详细记录总结了本报告中的所有错误。

7. 测试目的

通过对"三宝村平安小区管理系统"的测试发现其中的错误并进行分析，提交修改方案以提高系统质量。

8. 测试前提

在单独测试每一项时假设其他项均成立。

4.2 功能测试（部分）用例及结果

1. 测试 1

页面导航链接测试（Test-1），如表 10 所示。

表 10 页面导航链接测试

用例编号	测试用例	预期结果	测试结果	错误原因
T1001	单击网站管理页的各项链接	能够通过链接链接到相关内容	单击"退出管理"时出现错误信息	服务器端代码错误

2. 测试 2

用户登录测试（Test-2），如表 11 所示。

表 11 用户登录测试

用例编号	测试用例	预期结果	测试结果	错误原因
T1002	输入正确的账号和密码	能够通过验证到系统的欢迎界面	能顺利登录到欢迎界面	
T1003	输入错误的账号和正确的密码	能够通过验证到系统的欢迎界面	不能顺利登录到欢迎界面	用户账号和数据库用户的账号不匹配
T1004	输入错误的账号和错误的密码	能够通过验证到系统的欢迎界面	不能顺利登录到欢迎界面	用户账号和密码与数据库的用户账户和密码不匹配
T1005	输入正确的账号和错误的密码	能够通过验证到系统的欢迎界面	不能顺利登录到欢迎界面	用户密码和数据库用户的密码不匹配

3. 测试 3

房屋信息查询测试（Test-3），如表 12 所示。

表 12 房屋信息查询测试

用例编号	测试用例	预期结果	测试结果	错误原因
T1006	搜索条件按房主查询，输入房主姓名"程建平"	能查询到"程建平"的房屋信息	查询到"程建平"的房屋信息	
T1007	搜索条件按房址查询，输入房址"三宝路 585 号"	能查询出房址为"三宝路 585 号"的房屋信息	查询到房址为"三宝路 585 号"的房屋信息	
T1008	搜索条件按区域查询，输入区域名"三宝村"	能查询到"三宝村"区域中的所有房屋信息	查询到所有区域的房屋信息	没有对"三宝村"的房屋查询增加限制条件

4. 测试 4

添加住户信息测试（Test-4），如表 13 所示。

表 13　添加住户信息测试

用例编号	测试用例	预期结果	测试结果	错误原因
T1009	无任何输入	弹出需要填写必要信息的提示	提交了数据	Js 代码错误
T1010	在"身份证号"文本框中填入已存在的用户的身份证号	给予用户提示，已存在该身份证号	系统成功给予提示	
T1010	在"与房主关系"的文本框中填入"房主"	"用户地址"找出所有没有分配房主的房屋地址	弹出所有没有房主的房屋地址	
T1011	在"与房主关系"的文本框中填入"非房主"	"用户地址"找出所有分配房主的房屋地址	"用户地址"找出所有分配房主的房屋地址	
T1012	对各项进行合法输入	提示"添加住户信息成功"	未提示"添加房屋信息成功"	SQL 语句拼写错误

5. 测试 5

添加房屋信息测试（Test-5），如表 14 所示。

表 14　添加房屋信息测试

用例编号	测试用例	预期结果	测试结果	错误原因
T1013	无任何输入	弹出需要填写必要信息的提示	弹出了必填信息的提示	
T1014	在"建筑面积"文本框中填入文字或字母	增加房屋信息成功	增加房屋信息失败	房屋面积不能为文字或字母，应当为数字
T1015	在"物业收费标准"文本框中填入文字（字母）	弹出必须填入一个数字的提示	弹出了必须填入一个数字的提示	
T1016	在"房屋楼层"文本框中填入文字	弹出必须填入一个数字的提示	弹出必须填入一个数字的提示	
T1017	在各文本框中输入合法内容	提示"添加房屋信息成功"	提示"添加房屋信息成功"	
T1018	没有选择房屋所在区域	弹出需要填写必要信息的提示	弹出必填信息的提示	
T1019	输入必填项后提交房屋信息	能添加房屋信息	弹出提示"添加房屋信息成功"	

5　总结

目前"三宝平安小区管理系统"已经顺利投入使用，全村 220 户 922 个实有人口及其关联信息全部输入到信息平台。只要单击电子地图就可以快速了解住户人员、人口类别和重要物品信息等，实现了对人口、地理（房屋、小区）、民情、事件和组织的全面和创新的社会管理模式，独创了人、房和物关联信息系统。该系统有效地服务了三宝村居民，强化了小区治安综合治理，营造了和谐及稳定的人居环境。

参考文献

[1]　王敬昌，陈根才，软件开发的风险分析与控制[J]，江南大学学报，2005，(3):148-149.

[2]　刘冰，赖涵，瞿中，王化晶. 软件工程实践教程[M]. 北京：机械工业出版社，2009:143-156.

[3]　戴上平，丁士锋等. ASP.NET3.5 完全自学手册[M]. 北京：机械工业出版社，2009:312-345.

[4]　温谦.CSS 设计彻底研究[M]. 北京：人民邮电出版社，2008:126-157.

[5]　单东林.锋利的 jQuery[M]. 北京：人民邮电出版社，2009:11-124.

[6]　Dino Esposito（意）.ASP.NET 核心编程[M]. 北京：清华大学出版社，2009:254-263.

[7]　王少葵，张大磊，范睿.C#与.NET3.5 高级程序设计[M].人民邮电出版社，2009:163-232.

[8]　曾顺.精通 CSS+DIV 网页样式与布局[M]. 北京：人民邮电出版社，2007:23-132.

[9]　新艺科技 .DreamWeaver CS3 超酷网页设计 CSS 篇[M]. 北京：清华大学出版社 2008:29-154.

[10]　蒋瀚洋，李月军，庞娅娟 . SQL Server 2005 数据库管理[M]. 北京：人民邮电出版社，2009:23-124.

[11]　章立民. 名师讲堂：ASP.NET3.5AJ [M]. 北京：　科学出版社，2009:224-323.

[12]　沃森（Karli Watson）.C#入门经典. 名师讲堂：ASP.NET3.5AJ [M]. 北京：清华大学出版社，2010:143-247.

[13]　梁爽 .NET 框架程序设计[M]. 北京：清华大学出版社，2010:26-253.

[14]　明日科技. ASP.NET 从入门到精通[M]. 北京：清华大学出版社，2012:53-173.

[15]　郑齐心，房大伟，刘云峰. ASP.NET 项目开发案例[M]. 北京：清华大学出版社，2011:153-242.

[16]　张正礼. ASP.NET 4.0 网站开发与项目实战（全程实录）[M]. 北京：清华大学出版社，2012:137-149.

基于"陶瓷云设计"平台的响应式 Web 设计

摘 要

响应式 Web 设计（Responsive Web Design）系统能自动识别屏幕宽度，并对页面做出相应的响应和调整，展示最佳界面。本项目主要运用 Bootstrap 前端框架实现响应式设计，论文详细介绍了响应式 Web 设计技术和实现流程；同时借用了 sphinx 搜索引擎技术帮助用户快速查询与陶瓷相关的资源。

本课题来源于国家科技支撑计划——产品云设计服务平台研究与开发，因此基于陶瓷云设计平台开发，最终应用于该平台的首页、作品列表、新闻列表和查询等页面。

关键词：陶瓷云；响应式设计；流式布局

Abstract

The Responsive Web Design (Responsive Web design) system can automatically identify the width of the screen, responsively adjust the pages and appropriately demonstrate the best interface. The project mainly uses the front-end framework of Bootstrap to achieve a responsive design, and this paper introduces both the technique and implementation process of the responsive Web design. Meanwhile, in order to make a quicker access to accurate resource, to get ceramic resources in this paper, the sphinx search engine technology is applied for users.

This project is under the financial aid of the National Science and Technology Support Program--- The Cloud Service Platform for the Research and Development of Product Design, and therefore, based on the platform of ceramic cloud design, this project is designed to be used in the home page, the work list page, the news list page, the query page and some other pages.

KeyWords: Ceramic cloud; Responsive Web Design; Flow layout

1 绪论

1.1 课题背景

在 Web 设计和开发领域我们将无法跟上设备与分辨率更新的步伐，大多数网站为每种新设备及分辨率创建其独立的版本是不切实际和不现实的。结果是我们将赢得使用某些设备的用户群，而失去那些使用其他设备的用户。不过有另外一种方式可以帮助我们避免这种情况的发生，即响应式 Web 设计。

响应式 Web 设计的理念是页面的设计与开发应当根据用户行为，以及设备环境（系统平台、屏幕尺寸和屏幕定向等）进行相应的响应和调整[1]。具体的实践方式包括弹性网格和布局、图片，以及使用 CSS mcdia qucry。无论用户正在使用手机、笔记木电脑，还是 iPad，我们的页面都应该能够自动切换分辨率、图片尺寸及相关脚本功能等。即页面应该有能力自动响应用户的设备环境，这样我们就可以不必为不断到来的新设备设计和开发专门的版本。

1.2　课题的意义

本课题来源于国家科技支撑计划——产品云设计服务平台研究与开发。针对我国陶瓷产业优势科技资源高度集中且资源利用率不高的现状，围绕陶瓷产业集群发展和集群内企业产品创新设计的公共科技服务需求，研究形成面向陶瓷产业集群的基于溢出的产品设计服务多层次资源开放式融合构建和服务模式，建设面向陶瓷产业集群的产品云设计服务平台。通过建设有效的资源溢出传导途径大大提高知识和技术等资源的扩散效率，丰富集群创新知识存量。从而有效提高集群企业产品设计水平和创新能力，助力陶瓷产业集群科技创新体系和产业支撑体系的完善，推动陶瓷产业的健康发展。

2　开发环境

PHP（HypertextPreprocessor，超级文本预处理语言）是一种 HTML 内嵌式的语言，也是一种在服务器端执行的嵌入 HTML 文档的脚本语言。其风格类似 C 语言[2]，目前发布的版本为 PHP5。

MySQL 是一个开放源码的小型关联式数据库管理系统[3]，开发者为瑞典 MySQL AB 公司，它被广泛地应用在互联网的中小型网站中。由于其体积小、速度快和总体拥有成本低，特别是开放源码的这一特点，使得许多中小型网站为了降低网站总体拥有成本而选择它作为网站数据库。

Apache 目前是世界应用排名第一的 Web 服务器软件，它可以运行在几乎所有广泛使用的计算机平台上。由于其安全性和跨平台被广泛使用，因此是最流行的 Web 服务器端软件之一。

3　关键技术

3.1　开发框架 Codeigniter

CodeIgniter（CI）是一个为使用 PHP 编写网络应用程序的人员提供的工具包，其目标是实现比从零开始编写代码更快速地开发项目。为此 CI 提供了一套非常丰富的类库来满足通常的任务需求，并且提供了一个简单的接口和逻辑结构来调用这些库[4]。CodeIgniter 可以将需要完成的任务代码量最小化，这样用户可以把更多的精力放到项目的开发上。

3.2 Bootstrap 前端界面开发框架

Bootstrap 是快速开发 Web 应用程序的一个前端工具包，是一个 CSS 和 HTML 的集合。它使用了最新的浏览器技术，为用户的 Web 开发提供了最时尚的版式、表单、按钮、表格和网格系统等。Bootstrap 创建了响应式的 12 列栅格系统，并在其基础上设计了固定（fixed）布局和流动宽度（fluid-width）布局。

Bootstrap 默认的栅格系统为 12 列，形成一个 940 px 宽的容器，默认没有启用响应式布局特性[5]。如果加入响应式布局 CSS 文件，栅格系统会自动根据可视窗口的宽度从 724 px 到 1 170 px 动态调整。在可视窗口低于 767 px 宽的情况下，列将不再固定并且在垂直方向堆叠。

3.3 Sphinx 搜索引擎

出自俄罗斯的开源全文搜索引擎软件 Sphinx 的单一索引最大可包含 1 亿条记录，在1 千万条记录情况下的查询速度为 0.x 秒（毫秒级）[6]。Sphinx 创建 100 万条记录的索引只需 3~4 分钟，创建 1 000 万条记录的索引可以在 50 分钟内完成，而包含最新 10 万条记录的增量索引重建一次只需几十秒。

3.4 Gzip 压缩

HTTP 压缩指 Web 服务器和浏览器之间压缩传输文本内容的方法[7]，HTTP 采用通用的压缩算法，如 Gzip 来压缩 HTML、Javascript 和 CSS 文件。能大大减少网络传输的数据量，提高用户显示网页的速度；同时会增加一点服务器的开销。

简单来说，Gzip 压缩在一个文本文件中找出类似的字符串并临时替换它使整个文件变小而加快传输。这种形式的压缩对 Web 来说非常适合，因为 HTML 和 CSS 文件通常包含大量重复的字符串，如标签和空格等。

4 技术实现

4.1 界面初步设计

PC 的屏幕宽度一般都在 1 000 px 以上（目前主流宽度是 1 366 px×768 px），有的还达到了 2 000 px。随着 4G 的普及，越来越多的人使用手机上网。移动设备的数量正超过桌面设备，成为访问互联网的最常见终端。手机的屏幕比较小，宽度通常在 600 px 以下，同样的内容要在大小迥异的屏幕上呈现满意的效果并不是一件容易的事。

如果用户在手机上浏览普通的网站，为了看清楚页面的内容，需要不停地放大和缩小页面，然后为了看到视口（指浏览器窗口内的内容区域，不包括工具栏和标签栏等，也就是网页实际显示的区域）外的文字而左右拖动。如果一不小心打开了一个链接，用户会感到非常厌烦，导致体验不佳。

天猫的策略是开发不同的版本，如电脑版、标准版、触屏版以适应不同的设备。现在最常用的是开发手机 APP，这种方案虽然解决了不同设备的浏览效果，但是增加了开发成本。

为了让台式机和手机用户都能浏览陶瓷云设计平台，必须使其具有响应式特性。即能自动识别屏幕宽度并对页面做出相应调整，给用户以好的体验。天猫的做法开发工作量人且成本高，陶瓷云设计平台的研发人员和资金无法与其相比，因此开发多版本平台基本行不通。为解决此问题，项目组查询国内外资料和调研后决定使用 Bootstrap 框架设计前端界面，以一个界面设计版本适用于台式机和手机的网站浏览。

4.2 CI—— HMVC 扩展

CI 基于模型-视图-控制器这一设计模式，MVC 是一种将应用程序的逻辑层和表现层进行分离的方法[8]。

HMVC（Hierarchical-Model-View-Controller）也可以称为"Layered MVC"，顾名思义，就是按等级划分的 MVC 模式。简单的解释是把 MVC 又细分成多个子 MVC，每个模块分成一个 MVC。

使用 HMVC 的好处是可以降低各个功能模块之间的耦合性，提高代码的复用性。使得每个功能都可以独立出来，每个模块都有自己的 MVC 结构。这类似 ActiveX 控件，每个控件都有自己的行为，之间互不影响。

4.3 响应式设计

4.3.1 CSS3 与媒体查询

实现响应式的关键技术是 CSS3，在使用 CSS3 添加渐变、圆角、文字阴影和动画等视觉效果之前，首先要让它来扮演一个更重要的角色。即 CSS3 的媒体查询，针对特定的视口设置特定的 CSS 规则[9]，利用媒体查询我们仅使用几行代码就可以根据诸如视口宽度、屏幕比例和设备方向（横向或纵向）等特性来改变页面内容的显示方式。

媒体查询已经被广泛使用，而且也被浏览器广泛支持，如 Firefox 3.6+、Safari4+、Chrome 4+、Opera 9.5 +、IOS Safari 3.2+、Opera Mobile 10+、Android 2.1+和 Internet Explorer 9+。

创建媒体查询时最常用的是设备的视口宽度（width）和屏幕宽度（device-width）[10]，

它可以检测的特性有 width（视口宽度）、heigh（视口高度）、device-width（设备屏幕的宽度）、device-height（设备屏幕的高度）、orientation（检查设备处于横向还是纵向）和resolution（检查屏幕或打印机的分辨率等特性）。

4.3.2 流式布局

当大部分人的屏幕分辨率还是 1 024 px×768 px 时，网页设计师一般都按照 960 px 或980 px 的固定宽度进行设计。现在很多大型网站则慢慢地开始转向 1 200 px 的固定宽度设计，并且页面中的其他布局元素也使用固定宽度。流式布局相对于这样的固定布局采用百分比设计页面宽度，以适应不同宽度的屏幕。固定布局和流式布局分别如图 1 和图 2 所示。

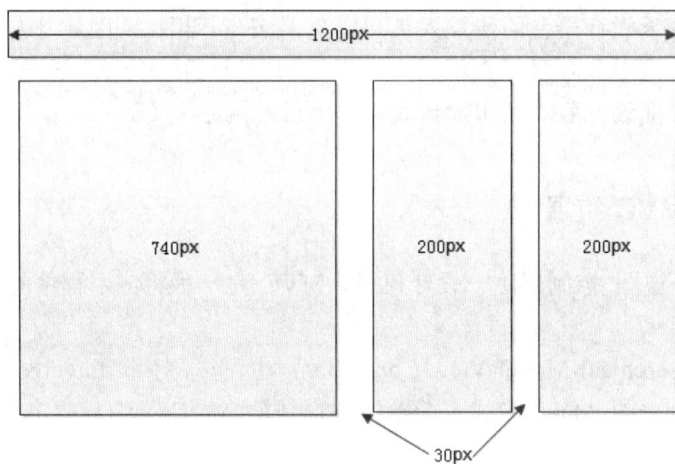

图 1　固定布局

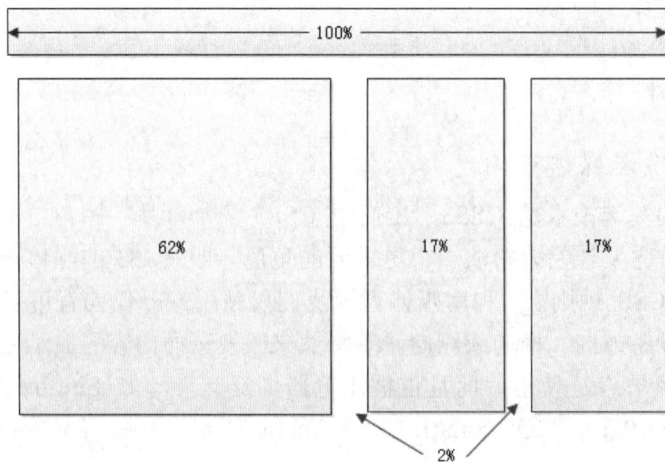

图 2　流式布局

流式布局和媒体查询的默契配合才能实现真正的响应式 Web 设计，媒体查询约束流式布局的变动范围；流失布局则简化了从一组媒体查询样式过渡到另一组的改变过程。

4.3.3　Bootstrap 定制

Bootstrap 默认的栅格系统为 12 列，形成一个 940 px 宽的容器。根据项目界面设计需要定制成宽度为 1 190 px 的容器，@gridColumnWidth 定制为 90 px 且@gridGutterWidth 定制为 10 px。为了兼容 IE7，将 PC 端默认显示的容器宽度定制为 1 190 px。

4.3.4　响应式效果展示

在 http://www.responsinator.com/网站中展示 home.ccmall.cn 网站的响应式效果，该网站捉供了 PC 端、手机端（iPhone 和 Android）和 Ipad 等屏幕的浏览效果。这些不同分辨率的终端网站界面会随屏幕宽度而改变显示内容和效果，如图3～图6所示。

图 3　首页（1 280 px×800 px 以上）

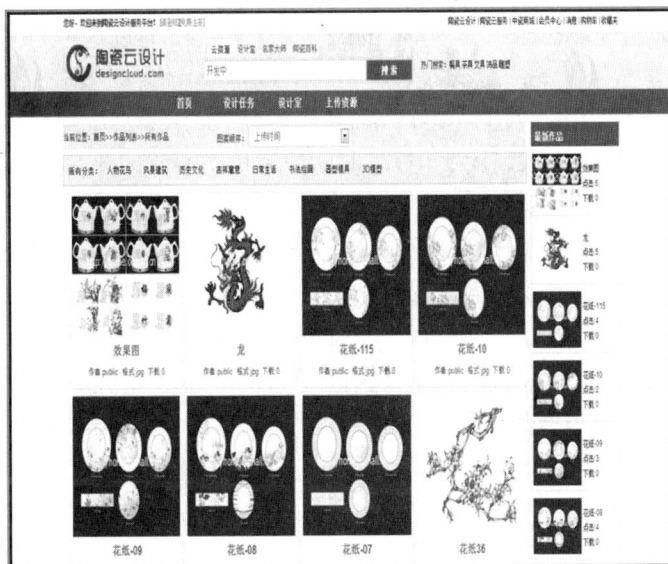

图 4　列表页（PC，1 280 px×800 px 以上）

图 5　首页（iPhone 3+4，width 为 320 px）　　图 6　首页（Android (Nexus 4)，width 为 384 px）

4.4　配置和使用搜索引擎 Sphinx

为了快速地相应响应查询，Sphinx 需要从文本数据中建立一种优化查询的特殊的数据结构。这种数据结构被称为"索引"（index），建立索引的过程称为"索引"或"建立索引"（indexing）。

不同的索引类型为不同的任务设计，如基于磁盘 B-Tree 存储结构的索引更新比较简单（容易在已有的索引中插入新的文档），但是搜索相当慢，因此 Sphinx 的程序架构允许轻松实现多种不同的索引类型。

数据库中已有的数据量很大，又不断地添加新数据。全部重新建立索引消耗资源，因为需要更新的数据量相比较而言较少。例如，原来的数据有数百万条，而新增的只是几千条。这样就可以使用"主索引+增量索引"的模式来实现近乎实时更新的功能。

配置 Sphinx 后在陶瓷云设计平台首页的"搜索"文本框中输入"美女"，单击"搜索"按钮将在网站资源的作品和作者中模糊查询"美女"，搜索结果如图 7 所示。

图 7　搜索结果

4.5　延迟加载图片

由于陶瓷云设计平台主要提供设计图片素材,因此图片量很大,特别是首页。这样打开页面响应时间会比较久,造成用户体验较差,故使用图片延迟加载技术。

本系统使用的是一个 Jquery 插件 Lazy Load,这是一个用 JavaScript 编写的 jQuery 插件,可以延迟加载长页面中的图片。在浏览器可视区域外的图片不会被载入,直到用户将页面滚动到它们所在的位置,这与图片预加载的处理方式正好相反。

在包含很多大图片的长页面中延迟加载图片可以加快页面加载速度,浏览器将会在加载可见图片之后进入就绪状态,在某些情况下还可以降低服务器负担。

5　软件测试

5.1　测试环境

测试环境如表 1 所示。

表 1 测试环境

硬件环境	应用服务器	数据库服务器	客户端
硬件配置	机型：Dell R720 CPU：Intel Xeon E5-2620 2 GHz 内存：16 GB 硬盘：300 GB*3 RAID 5	机型：曙光 A450-G CPU：AMD Opteron 8212HE 2GHz*2 内存：16 GB 硬盘：500 GB*3 RAID 5	机型：HP 8280 Elite MT CPU：Intel(R) Celeron(TM) i5-2400 3.1 GHz 内存：4 GB 硬盘：500 GB
软件配置	Linux centos 6.2 Apache 2.2 Php 5.3 Mysql 5.5	Linux centos 6.2 Apache 2.2 Php 5.3 Mysql 5.5	Windows 7 IE 6.0～IE 9.0 Google Chrome、火狐、360 浏览器
网络配置	电信宽带 100 Mb/s	电信宽带 100 Mb/s	电信宽带 10 Mb/s

5.2 浏览器兼容性测试

浏览器兼容性测试所用的工具为 IEtest、chrome 和 FireFox，测试结果如表 2 所示。

表 2 浏览器兼容性测试结果

浏览器	测试结果
IE7	正常
IE8	正常
IE9	正常
IE10	正常
chrome	正常
Firefox	正常

6 总结

经过一段时间的努力已经实现陶瓷云设计平台的基本功能，其中包括最重要的响应式功能。用户使用手机或其他小屏幕设备访问该平台时也可以看到较好的界面效果，并且得到较理想的用户体验。下一步要根据用户的反馈进一步美化和完善界面，让用户得到最佳体验。根据测试的结果，还要有针对性地解决测试中出现的问题。

在完成这个课题的过程中的最大收获是知道了自己欠缺的知识和能力，而在开发过程中学习和锻炼的效果是最好的，这是笔者体会最深的感受。

在实现响应式功能期间主要是研究 Bootstrap，因为以前没有接触过，也没有他人可以请教，所以需要自己钻研。为此笔者首先认真阅读官方文档了解原理和方法，然后动手写代码。完成课题后对 Boostrap 不能说精通，至少比较熟悉了。在开发过程中笔者对

html5 和 CSS3 也有了一定的认识，知道了媒体查询和流式布局在响应式设计中的重要作用；此外研究了 Sphinx 搜索引擎并将其运用在课题中，实现了搜索功能。

参考文献

[1] Ben Frain 著. 王永强 译. 响应式 Web 设计：HTML5 和 CSS3 实战（图灵程序设计丛书）.

[2] 聂庆鹏等.PHP+MYSQL 动态网站开发与全程实例.清华大学出版社，2007.

[3] MySQL 5. 6.10 官方正式版. W3C 下载 [引用日期 2013-12].

[4] http://codeigniter.org.cn/ CodeIgniter 中国 PHP 框架 CodeIgniter 中国社区.

[5] http://www.bootcss.com/ Bootstrap 中文网 [引用日期 2013-12].

[6] http://www.coreseek.cn/ Coreseek 开源中文检索引擎 Sphinx 中文版官网.

[7] Meyering，Jim，gzip-1.6 released [stable]. 2013-06-09 [2013-06-09].

[8] CodeIgniter+用户指南+v+2.1.0.

[9] 邢希，田头彦. 响应式 Web 设计方法的研究.

[10] Responsive Web Design Techniques, Tools and Design Strategies.

[11] Peter Paul Koch. 2010. Combining meta viewport and media queries. In Quirksmode.

[12] Lie et al. 2010. Media Queries. W3C Candidate Recommendation 27 July 2010.

[13] http://v2.bootcss.com/javascript.html javascript 插件·Bootstrap.

[14] Coreseek 4.1 参考手册/Sphinx 2.0.1-beta.

[15] http://www.coreseek.cn/docs/coreseek_4.1-sphinx_2.0.1-beta.html.

[16] http://www.coreseek.cn/opensource/mmseg/.

基于自适应遗传算法的陶瓷裂纹检测方法研究

摘　要

建筑陶瓷裂纹检测方法主要由陶瓷图像数据获取、图像预处理、图像分割、目标特征提取和目标识别 5 个环节构成。为了提高陶瓷裂纹检测可信度，文中提出了一种将遗传算法与类间最大方差法相结合的自适应目标分割方法（AGAO），所提出的方法对遗传算法中的交叉和变异算子进行了一些适当改进；此外，适应度函数借鉴了类间最大方差法的优点，将图像分割的最佳阈值选取转换为对应的优化问题。

通过对现有裂纹识别方法的分析提出了基于 BP 神经网络的针对陶瓷图像目标特征的识别方法，仿真结果表明所提出的方法缩短了寻优时间，增强了图像分割过程中的抗噪性能并提高了陶瓷裂纹的识别率。

关键字： 建筑陶瓷；遗传算法；图像分割；优化；BP 神经网络

Abstract

The crack detection method of architectural ceramic is mainly composed of five links: the data acquisition of ceramic image,the image preprocess, image segmentation, feature extraction and object identification. In order to improve the credibility for ceramic crack detection, this paper proposes a kind of adaptive target segmentation method (AGAO) which combines the genetic algorithm with inter-maximum method. The proposed method makes some adjustments on the crossover and mutation operator of genetic algorithm. In addition, the fitness function takes the advantage of the maximum variance method between classes for reference, transmitting the selection of the optimal value of image segmentation into the issue of the corresponding optimization.

By analyzing the current crack detection method, this paper proposes a crack identification method based the BP network, aiming at the characteristics of some ceramic images. The simulation results show that the proposed method shortens the time of optimizing, enhances the anti-noise performance in the process of image segmentation and improves the identification of ceramic crack.

KeyWords: architectural ceramic; genetic algorithm; image segmentation; optimization; BP neural network

0　引言

我国是世界闻名的陶瓷古国，早在两千年前秦砖汉瓦这类建筑陶瓷便已在我国广泛使用，然而现代意义上的建筑装饰用陶瓷砖在我国仅不足百年的时间。20 世纪 80 年代开始我国建筑陶瓷工业开始快速发展。90 年代后期我国的建筑陶瓷瓷砖年产量已超过 20 亿 m^2。随着国民经济的日益发展和人们生活水平的逐渐提高，陶瓷制品在工业和日常生活中的应用更加广泛，随之而来的是对陶瓷制品的需求量和质量要求在不断提高。目前建筑陶瓷有外观质量、尺寸偏差、吸水率、破坏强度和断裂模数、抗冲击性、无釉砖耐磨深度、有釉砖表面耐磨性、线性热膨胀、抗热震性、湿膨胀、抗釉裂性、抗冻性、耐污染性、铅镉溶出量、小色差、镜像光泽度，以及地砖的防滑性等方面的检验。陶瓷产品的低断裂韧性阻碍了陶瓷生产企业的经济效益和生产率；同时在生产过程中工序多和工艺复杂，加上外界环境变化多端等多种因素的影响使得陶瓷制品从原料的选配到烧成全过程可能产生一些裂纹缺陷[1]，而陶瓷制品的裂纹一直制约陶瓷生产企业的经济效益和生产率，为此提出一种能有效监测陶瓷制品的裂纹的方法具有重大意义。陶瓷制品裂纹按照其位置通常可分为内部暗裂纹和表面明裂纹[2]，本文研究的主要是针对无纹理建筑陶瓷的表面明裂纹进行检测。

1　研究背景

近年来随着光学、电子、技术、计算机科学和材料科学等技术的发展，裂纹无损检测已经取得了很大进步，在工程中应用最为普遍的有涡流检测（ET）液体渗透、磁粉、射线照相和超声 5 大无损检测方法[3]。虽然这些无损检测技术能够检测出裂纹，但由于需要通过某些间接过程来显示材料缺陷的信息，所以材料本身和检测时的主客观因素必然会对检测结果产生一定的影响。

先进的计算机技术，成熟发展的数字图像处理技术，以及越来越低的计算机硬件费用和高运行效率特性使得计算机视觉技术成为无损检测技术中的一个活跃且重要的分支。计算机视觉数字图像检测技术应用在无损检测方面有无可取代的优势，该技术使用成像系统替代视觉器官作为输入敏感方法，利用计算机帮助大脑实现与解释[4]。基于遗传算法的陶瓷裂纹检测方法主要采用了图像处理技术及智能算法结合计算机编程语言 Matlab 来检测建筑瓷砖裂纹[2]，该方法能迅速、无误地检测出待测物体是否为劣质产品；同样地，它也利于今后深入研究，并为将其应用于实际生产打下了扎实的基础。

2　本文的研究内容及安排

陶瓷图像裂纹检测的系统流程如图 1 所示。

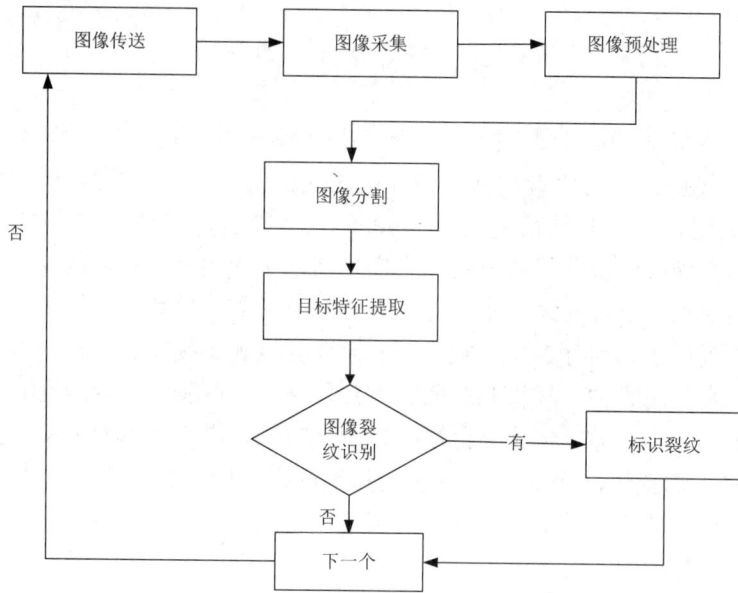

图 1　陶瓷图像裂纹检测的系统流程

2.1　图像采集

陶瓷经显微镜成像，由 CCD 摄像头转换为视频信号后输入到视频采集卡，由计算机采集成图像并保存处理。采集两个建筑陶瓷半部图像，一个是已知陶瓷好坏，作为参考图像；另一个是待检测的陶瓷图像，其中可能有或没有裂纹。

2.2　图像预处理

获取原始图像的过程，由于光照、粉尘和振动等环境因素的影响，获取的陶瓷表面的图像信息存在很多噪声数据，导致图像质量不高。在图像识别前必须进行降噪及滤波等预处理，经过预处理后的图像分割效果会更加明显。图 2 所示为陶瓷图像预处理过程框图。

图 2　陶瓷图像预处理过程框图

预处理在 Matlab 编程环境下针对从陶瓷图像采集系统传输而来的原始彩色图像通过调用 rgb2gray 函数实现灰度化，三基色体系转换到孟塞尔颜色体系时的明度近似构造函数。转换后的颜色空间比较均匀[5]，非常符合人眼对颜色的感觉，然后采用空间域中的二维中值滤波法（medfilt2(Img, [3 3])）对图像进行一次降噪滤波处理。从数学上说中值滤波是用一个奇数点的移动窗口，将窗口内的所有像素的平均值取代窗口中心点的值[6]。其中，空间域是直接对图像像素的灰度进行处理；变换域在图像的某个变换域中对变换系数进行处理，然后通过二维傅里叶逆变换获得增强图像[7]。本文还采用变换域方法对图像进行二次滤波去噪增强操作，二次增强后的图像如图 3 所示。

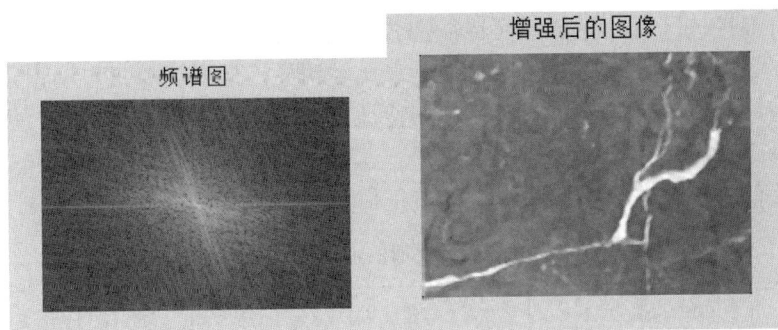

图 3　二次增强后的图像

数字图像在获取的过程中光学系统的像差、成像系统的非线性畸变，以及胶片感光的非线性和成像过程中的相对运动等多种因素均会使图像产生退化[8]，图像复原是一个把退化（劣化）图像尽量恢复到其原始面目的方法。典型的退化图像模型可表示成 $g = h * x + n$，其中 g 是退化图像，X 为原图像，h 为退化函数。最后执行二值化等操作，高于阈值的像素点值为 1，显示白色；低于阈值的像素点值为 0，显示黑色。二值化有很多成熟的算法，如自适应阈值法及给定阈值法。

2.3　图像分割

图像分割依据图像的灰度、颜色或几何性质将其中具有特殊含义的不同区域区分开来，这些区域互不相交，每一个区域都满足特定区域的一致性。分割出来的区域应该同时满足均匀性和连通性，区域内的所有像素点要满足基于灰度特征的某种相似性准则[9]且区域内存在连续任意两点的路径。相邻分割区域之间针对选定的某种特征差异性显著，分割区域边界应该规整并保证边缘的空间定位精度。

本文采用多种基于阈值的图像分割算法、边缘检测算子、区域的分割方法和改进的遗传算法的图像分割方法[10]。例如，类间最大距离法和类内类间方差比法；Roberts、Sobel、Prewitt 和 canny 算子，以及区域生长和合并分裂法和基于自适应遗传算法的阈值分割方法。阈值分割阈值选取法对图像目标和背景差异较大的物体分割较为有效[11]，实现简单且实用性强，但是当图像中的灰度差异不明显或各目标的灰度值有大部分重叠现象时分割效果较差；基于边缘的分割方法边缘定位准确且运算速度快，但对噪声敏感和复杂图像分割效果较差，易出现边缘模糊和边缘丢失的现象[12]；基于区域的图像分割方法对噪声不敏感，但是会造成图像的过分分割问题，并且分割结果严重依赖于种子点的选择。

2.4 提取图像特征

从图像中分割出目标后进一步对目标区域进行几何和形状特征测量和分析，目标区域确定后即可测量该区域，包括几何特征区域面积、周长、形状特征圆形度、矩形度、长宽比和偏心率等。经过分割后的图像特征信息比较明显，但要计算机自动识别裂纹则需要图像识别处理。通过一定的途径获取目标的特征值并检测这个特征是否符合规定，以此判断地面陶瓷是否有裂纹。

用各个阈值分割算法分割后的提取的特征值如表 1 所示。

表 1　用各个阈值分割算法分割后的提取的特征值（精度为 1×10^3，单位为 px）

	Th （阈值）	L （周长）	A （面积）	R0 （圆形度）	R （矩形度）	R1 （长宽比）	E （偏心率）	Time （时间）s
Diedai （迭代法）	0.1275	3.3729	4.5410	0.0000	0.0005	0.0004	0.0004	0.0004
Junyun （均匀法）	0.1290	3.0030	4.0381	0.0000	0.0000	0.0004	0.0004	0.0008
Leiju （类间最大距离法）	0.1530	0.8936	1.3547	0.0000	0.0000	0.0003	0.0003	0.0008
Ostumain （类间最大方差法）	0.1530	1.0148	1.4809	0.0000	0.0000	0.0003	0.0003	0.0005
Shangfa （最大熵法）	0.118	5.487	15.900	0.0000	0.0000	0.0010	0.0010	0.0010
Fangchabi （最大类内类间方差比法）	0.1370	1.2082	1.9150	0.0000	0.0000	0.0009	0.0009	0.0006
AGA（自适应遗传算法）	0.1700	0.6259	1.0595	0.0000	0.0012	0.0013	0.0008	0.0132

2.5 基于神经网络的图像裂纹识别

用 BP 网络将完好无裂纹和有裂纹的陶瓷图像特征作为训练样本进行学习训练，并通过神经元之间的互连权值来存储结果。网络训练完毕标志它对某一类或几类模式已具有正确分类的能力，这样一旦有新的待识别样本出现，网络就能根据训练好的网络对它做出"反应"[13]，即识别。本文所述的陶瓷裂纹识别利用 BP 神经网络进行图像模式识别，图 4 所示为 BP 网络识别过程。

图 4　BP 网络识别过程

　　BP 神经网络中利用能有效地反映图像的本质特征的不变性及抗干扰性，如目标图像的周长、面积、圆形度、矩形度、长宽比和偏心率等。通过大量特征样本的数据训练可以得出较为完美的神经网络，当未知的图像数据输入时则可以得到较为真实的数据理论，从而可以判断出该陶瓷是否存在裂纹。

　　在设计 BP 网络分类器时一般应从输入层、隐含层和输出层的设计，以及网络的初始化、训练算法的选择、训练样本数的选择和学习速率等几个方面考虑。网络训练时输入的训练样本是经过特征提取的图像。本文以陶瓷图像的 8 个水平方向的几何特征和形状特征作为识别特征，故网络的输入层单元数为 8 个，一般情况下在单隐含层不能满足要求时可以增加隐含层的数目。BP 网络的隐含层单元的输入输出之间是单调上升的非线性函数，本文采用经验函数 $L = \sqrt{M+N} + a$ 计算隐含层单元数为 17。式中 M 为输出层神经元数目，N 为输入层神经元数，a 为 1～10 之间的一个常数。用 BP 网络作为分类器一般使用多输出型，设目标类别数为 m 个，则取 m 个神经元，目标输出为 $y = (0,...1,0,...0)$。在 Matlab 2012a 中，使用函数 newff 创建一个 4 层网络，网络有 8 个×8 个输入和一个输出神经元，隐含层有 48 个单元。网络的其他参数的选取为训练次数设置为 1 000 次，目标误差为 $1×10^{-5}$，学习速率设为 0.2。该 BP 神经网络中采取了 8-17-30-1-1 的 4 层 BP 网络，输出维数为 1。其中输出值 0 表示陶瓷有裂纹，1 表明无裂纹。本文把 S 型正切函数 tansig() 作为神经网络的隐含神经元的传递函数[15]，并且输出层应用 0-1 的概率值来标识该图像为裂纹的概率大小。

2.6　下一幅图像

　　检测一幅图像后同样处理下一幅图像，最终完成陶瓷图像的裂纹检测过程。

3　遗传算法的应用

　　一般认为遗传算法由问题解的遗传表示、创建解的初始种群的方法、根据个体适应值对其进行优劣判定的评价函数、用来改变复制过程中产生的子个体遗传组成的遗传算子和遗传算法的参数值[16]等 5 个部分组成。由于本文处理的是数字图像，数据数目很大，对于采用一般遗传算法时运算至上百代才收敛的情形，速度较慢，实时性差。因此本文采用了一种自适应遗传算法，加快了进化历程，增强了全局搜索能力。

　　遗传算法根据实际问题的目标函数设计一个适应度函数（fitness_function），对一个由多个个体组成的种群进行评价、选择和遗传运算，经多代进化获得适应度值最高的个体作为实际问题的最优解。有不少学者分析比较了图像分割的阈值法，普遍认为在像素分类错误率和被分区域的均匀性等方面类间方差法（Ostu）的性能较优，因此本文结合该算法的优点利用遗传算法进行图像分割。基本遗传算法可表示为 SGA =（C，E，P_0，M，φ，Γ，Ψ，T），式中 C 表示个体编码方法，E 是个体适应度评价函数，$P0$ 表示初始种群，M 为种群大小，φ、Γ、Ψ 和 T 分别是选择算子、交叉算子变异算子和遗传算法终止条件[17]，该算法的计算步骤如下。

（1）编码。

将问题描述成一维排列的染色体表现形式，再对其进行 0 和 1 二值编码。由于图像采用的是 256 级灰度描述，所以采用 8 位二进制字符串表示一个灰度值，如 00000001 代表灰度值 1；00001001 代表灰度值 9。

（2）设定基本遗传算法参数。

种群中染色体（个体）的数目为种群规模，种群的规模太小不利于进化；规模太大会使运行时间变长，对算法的效率有较大影响[18]。如表 2 所示，综合考虑适应度值和算法运行时间可设初始种群数目 Popsize=30，采用随机生成，最大迭代次数 NG=100；

表 2　模拟计算统计报告

	Popsize	NG	fitness	time
0	50	100	2.1357e+04	0.76922
1	50	200	2.1106e+04	0.99034
2	50	300	2.0939e+04	1.34388
3	50	400	2.0831e+04	1.46072
4	50	500	2.0888e+04	1.71157
5	20	100	2.1418e+04	0.60523
6	30	100	2.1596e+04	0.65325
7	40	100	2.1126e+04	0.72648
8	60	100	2.1181e+04	0.80501
9	70	100	2.1256e+04	0.84099
10	100	100	2.0640e+04	0.96636

（3）选择适应度函数。

类间方差最大法具有简单和处理速度快的优势，为此本文适应度函数采用 Ostu 函数寻求最佳阈值。

（4）选择算子。

本文采用正比选择策略选择种群内的各个个体，参与遗传运算的概率 p_i 为个体的适应度，fitness(i) 和群体中所有个体适应度总和的比例为：

$$p_i = \frac{\text{fitness}(i)}{\sum\limits_{i=1}^{\text{popsize}} \text{fitness}}$$

得到选择概率后采用旋轮法。

本文涉及的算子有交叉算子和变异算子，具体情况如下所示。

- 交叉算子。

通常使用的交叉算子（Crossover operator）包括单点交叉、两点交叉、多点交叉和均匀交叉等形式。单点交叉算子破坏个体形状较小，破坏有效模式的概率也较小，所以文中算法采用单点交叉。

- 变异算子。

在遗传算法过程中，mutation operator 指根据变异概率随机地改变某一个串位的值，它解决了当交叉操作产生的后代适应度值不再进化，但还没有达到最优解的早熟问题，局部搜索能力也得到了相应的改善；同时增加了种群的多样性。

（5）寻优终止判断条件。

当群体适应度值随着迭代代数的增加其值不再明显变大时，或超过最大迭代次数时，算法停止运行。此时跳出循环，解为最佳个体。

为提高遗传算法的全局搜索寻优能力，本文提出了一种基于自适应遗传算法的自动阈值分割方法[19]。该方法对遗传算法中的交叉算子和变异算子等参数进行了一些适当改进，其中交叉概率 P_c 和遗传概率 P_m 随着适应度值自适应变化。

当种群各个适应度趋于一致或者趋于局部最优时算法使 P_c 和 P_m 变大；若群体适应度比较分散时[20]，则减小。并且适应值高于群体平均适应值的个体对应于较低的 P_c 和 P_m，使该解得以保护进入下一代；低于平均适应值的个体则对应较高的 P_c 和 P_m[21]，使该解被淘汰，因此自适应的 P_c 和 P_m 能够提供相对某个解的最佳 P_c 和 P_m[22]。改进的自适应遗传算法在保持群体多样性的同时保证了遗传算法的收敛性[23]。在自适应遗传算法中 P_c 和 P_m 按如下公式进行自适应调整：

$$P_c = \begin{cases} P_{c1} - \dfrac{(P_{c1} - P_{c2})(f' - f_{avg})}{f_{max} - f_{avg}}, & f' \geqslant f_{avg} \\ P_{c1}, & f' < f_{avg} \end{cases} \qquad (3.2)$$

$$P_m = \begin{cases} P_{m1} - \dfrac{(P_{m1} - P_{m2})(f_{max} - f)}{f_{max} - f_{avg}}, & f \geqslant f_{avg} \\ P_{m1}, & f < f_{avg} \end{cases} \qquad (3.3)$$

式中 f_{max} 为群体中最大的适应度值，f_{avg} 是每代群体的平均适应度值，f' 为要交叉的两个个体中较大的适应度值，f 是要变异个体的适应度值且各参数初始化为：

$$P_{c1} = 0.9, P_{c2} = 0.6, P_{m1} = 0.1, P_{m2} = 0.001 \qquad (3.4)$$

利用改进的遗传算法所具有的自适应全局优化概率搜索具有快速寻优特点，将改进的遗传算法引入自动最佳阈值选取中得到理想的分割效果。大大缩短了计算时间并提高了抗噪住能，达到了提高效率的目的。

4 仿真实验结果及分析

本文利用 Matlab 编程语言实现常规的类间最大方差法和基于改进遗传算法的阈值优化算法对图 5（a）所示的原始建筑陶瓷图像使用 Ostu 阈值分割算法和自适应遗传算法分别进行阈值分割，效果分别如图 5（b）和图 5（c）所示。

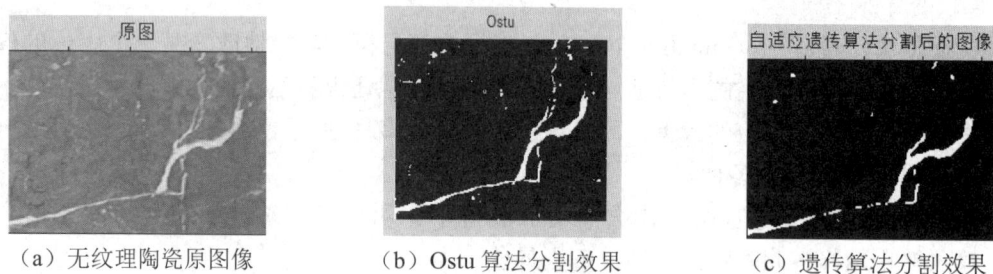

（a）无纹理陶瓷原图像　　　　（b）Ostu 算法分割效果　　　　（c）遗传算法分割效果

图 5　分割无纹理陶瓷的效果

其中图 5（a）的大小为 212 px×152 px，灰度级为 224；图 5（b）为采用 Ostu 方法的分割效果，其较好地分割出了目标主体，但对噪声点比较敏感；图 5（c）为本文的自适应遗传算法的分割效果，该方法能够很好地分割出目标，其分割的特征结果如下：

features=[170, 6.26×10^2, 1.06×10^3, 0.0, 1.2, 1.3, 0.8, 11.8]

识别结果是此陶瓷有裂纹。

加入高斯噪声和椒盐噪声后的图像如图 6（a）所示，经过改进遗传算法的自动阈值分割算法分割后的图像如图 6（b）所示。

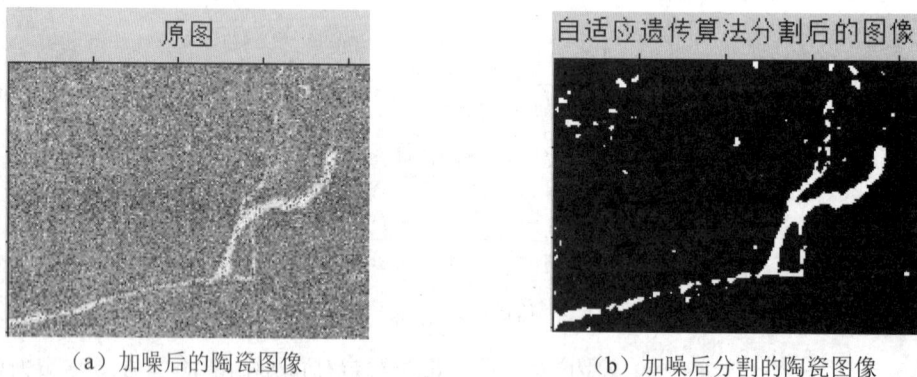

（a）加噪后的陶瓷图像　　　　　　（b）加噪后分割的陶瓷图像

图 6　加噪后及加噪后分割的陶瓷图像

由结果可以得知本文提出的算法在图像分割过程中具有较好的抗噪声能力。

图 7（a）所示为大小为 255 px×255 px 的水泥板原图像，图 7（b）所示为采用本文算法自适应遗传算法分割后的图像。

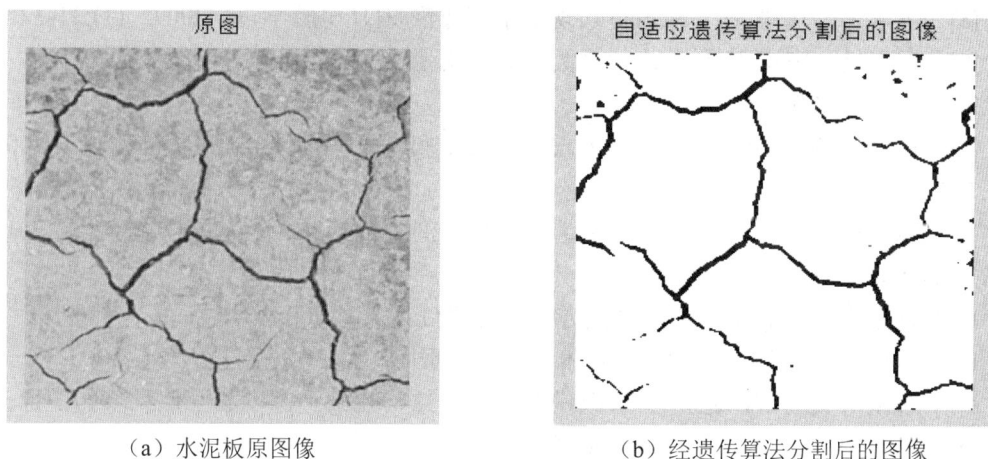

(a) 水泥板原图像　　　　　　　　　　(b) 经遗传算法分割后的图像

图 7　水泥板原图像及经遗传算法分割后的图像

features =[168 4.55×103 6.13×10^4 0.0 1.0 1.0 1.0 10.0]

识别该图像有裂纹，由此可见本文方法也可以推广用于检测其他非陶瓷图像。

5　结论

　　本文主要研究的是采用数字图像处理技术对建筑陶瓷裂纹进行无损检测的系统，该系统包括图像采集、图像预处理、图像分割、目标特征提取和图像裂纹识别 5 大模块。本文在研究传统的图像分割法的基础上提出了利用改进遗传算法所具有的快速寻优及寻找全局最优解的特点将改进遗传算法引入自动最佳阈值选取中的优秀分割算法，并结合多目标优化概念针对陶瓷图像研发出了一种针对陶瓷外表面裂纹的多目标优化分割方法，能够实现陶瓷裂纹的无损检测。不足之处是本文研究的系统只能检测花色均匀的建筑陶瓷明裂纹，并且本系统是基于 Matlab 环境进行的仿真实验，因此要运用到实际的检测中还需要以后结合其他语言混合编程使其可以脱离运行环境实现本系统的功能。

参考文献

　　[1]　陆强，刘炳祥，李慧颖.基于粗糙集理论的建筑卫生陶瓷缺陷分析方法[J].陶瓷学报，2008，29(2):160-163.

　　[2]　于彬.基于数字图像处理的陶瓷瓶裂纹检测研究[D].武汉理工大学，2007.

　　[3]　孔宪平.航空装备修理磁粉检测技术研究[D].西北工业大学，2005. 12.

　　[4]　崔惠英.无损检测技术在果品检测中的应用[J].河北果树，2008，(1):13-13.

　　[5]　陈胜.基于优序粗糙集的不确定多属性决策方法研究[D].广西大学，2010.05.

　　[6]　刘禾.数字图像处理及应用[M].北京：中国电力出版社，2005.

　　[7]　欧阳彝华，黄芳，周敏.基于灰度直方图的心脏图像检索[J].计算机技术与发展，2009，19(9):125-127.

[8] 孟永定，马佳.基于 Matlab 实现数字图像恢复[J].电脑学习，2007，(1):31-32.

[9] 周卫星，廖欢.基于 K 均值聚类和概率松弛法的图像区域分割[J].计算机技术与发展，2010，(2):68-70

[10] 肖飞，秦星光.图像分割方法综述[J].可编程控制器与工厂自动化，2009，(11):77-79.

[11] 魏秀岭.遗传算法的全局阈值在图像分割中的应用.数字技术与应用，2012，(6):128-129.

[12] 管慧娟.基于区域的图像分割方法.大连理工大学，2005

[13] 彭淑敏.神经网络图像识别技术研究与实现[D].西安电子科技大学，2005.

[14] 李刚，贺昱曜，赵妍.一种改进的多方位结构元素形态学和互信息量的图像分割算法[J].工程图学学报，2010，(3):104-108.

[15] 邹子维.基于声发射技术的箱型梁大应力区故障模式识别[J].中国重型装备，2012，(2):32-35.

[16] 姜宏伟.基于 Matlab 的变压器遗传算法程序编制[J].变压器，2009，46(7):24-30.

[17] 王越，许全文，黄丽丰.基于改进遗传算法的连续函数优化[J].重庆理工大学学报，2011，(2):62-67.

[18] 闫妍.一种新的自适应遗传算法[J].哈尔滨工程大学，2007.

[19] 蒋艳军，谭佐军，余贞贞，陈建军.红外图像阈值分割算法的研究[J].红外，2008，29(12):33-35.

[20] 林碧，谢明红.求解 Job Shop 调度问题的自适应遗传算法设计[J].佳木斯大学学报，2008，26(4):530-534.

[21] 殷凤琴，秦奋涛.遗传算法算子优化的应用[J].现代计算机，2008，(8):21-23.

[22] 黄旭明.一类改进的遗传算法[J].长沙大学学报，2005，19(5):1-4

[23] 曹俊，朱如鹏.一种改善遗传算法早熟现象的方法[J].上海大学学报，2003，9(3)：229-231.

附录 毕业设计有关文档

XX 大学毕业设计选题申报表

院（系）_____专业_____申报时间

课题名称								
课题来源				与上一届题目关系			课题类别	
科研	生产	教学	其他	延用	适度修改	重新命题	设计	论文
指导教师姓名		职称			学位			
选题背景								
毕业设计（论文）的初步设想								
教研室意见	教研室主任签字 年 月 日							
院（系）意见	院（系）领导签字（盖章） 年 月 日							
备注								

XX 大学毕业设计任务书

院（系）＿＿＿＿＿＿＿　　　　　　　　　　　年　月　日

专　业		班　级	
学生姓名		指导教师	
题　目			

主要研究内容和设计技术参数：

基本要求（含成果要求）：

工作进度计划：

XX 大学本科生毕业设计开题报告

论文题目			
学生姓名		学　号	
学　院		专业班级	
指导教师		职称、学历	

1. 选题的目的、意义、理由和依据

2. 国内外研究现状及发展状况（含文献综述，可另附页）

3. 本课题的研究内容、研究方法及进度安排

4. 本课题的重点，难点，预期结果及成果形式

5. 指导教师意见

指导教师签名：

年　月　日

XX 大学毕业设计进展情况记录

毕业设计题目：_____

专业班级：_____学号：_____学生：_____指导教师：_____

时　间	进展情况及存在问题	指导教师解答要点
第 周		学生签名：　　　　　　　　　年 月 日 指导教师签名：　　　　　　　年 月 日
第 周		学生签名：　　　　　　　　　年 月 日 指导教师签名：　　　　　　　年 月 日
第 周		学生签名：　　　　　　　　　年 月 日 指导教师签名：　　　　　　　年 月 日
第 周		学生签名：　　　　　　　　　年 月 日 指导教师签名：　　　　　　　年 月 日
第 周		学生签名：　　　　　　　　　年 月 日 指导教师签名：　　　　　　　年 月 日

毕业设计中期工作情况检查表

学生姓名		专业班级	
题　　目			
毕业设计工作地点		目前是否在校	
未到校的具体原因			

目前已完成的任务	
是否符合任务书要求进度	

尚需完成的任务	

存在的问题和解决办法	

指导教师签名：　　　年　月　日

教研室主任签名：　　　年　月　日

XX 大学本科生（在校外）毕业设计登记表

姓　　名		学　　号	
联系电话		E-mail：	
论文题目			
校外指导教师姓名		职　　称	
校内指导教师姓名		职　　称	
校内联系人姓名		联系方式	
校内班主任意见 （必须由辅导员亲笔填写并签字）			
校内指导教师意见 （必须由指导教师亲笔填写并签字）			

接收毕业设计单位（盖章）：

年　月　日

院系（盖章）：

院长：

年　月　日

XX 大学毕业设计题目变更审批表

学生姓名		学 号		
专业班级		院（系）名称		
指导教师（姓名、职称）				
原题名称				
变更后的题目名称				
变更原因			指导教师签名： 年 月 日	
教研室意见			教研室主任签名： 年 月 日	
院（系）意见			院（系）领导签字（盖章）： 年 月 日	
备 注				

毕业论文（设计）评分表（指导教师用表）

评 分 项 目			分值	A	B	C	D
工作态度 20%	01	出勤、守纪情况	10				
	02	工作勤奋	10				
能力水平 60%	03	综合运用知识能力	15				
	04	应用文献资料能力	5				
	05	设计（实验）能力	15				
	06	计算能力	5				
	07	外语应用能力	5				
	08	计算机应用能力	5				
	09	技术经济分析能力	10				
设计质量 20%	10	图纸（试样）质量	5				
	11	设计说明书（论文）撰写水平	10				
	12	规范化程度	5				
总 分							

专业班级_____ 学生姓名_____ 指导教师签名：_____

毕业论文（设计）评分表（评阅教师用表）

评 价 项 目			分值	A	B	C	D
选题质量 20%	01	选题指导思想	5				
	02	选题深度	5				
	03	课题工作量	5				
	04	课题结合实际程度	5				
能力水平 60%	05	综合运用知识能力	15				
	06	应用文献资料能力	5				
	07	设计（实验）能力	15				
	08	计算能力	5				
	09	外语应用能力	5				
	10	计算机应用能力	5				
	11	技术经济分析能力	10				
设计质量 20%	12	图纸（试样）质量	5				
	13	设计说明书（论文）撰写水平	10				
	14	规范化程度	5				
总　分							

专业班级_____ 学生姓名_____ 评阅教师签名：_____

指导教师对毕业设计评价的标准

	评价内容	A	B	C	D
1	出勤、守纪情况	好 （10～9分）	较好 （8～7分）	一般 （6～5分）	差 （4～0分）
2	工作勤奋强度	勤奋 （10～9分）	较勤奋 （8～7分）	一般 （6～5分）	差 （4～0分）
3	综合运用知识能力	强 （15～13分）	较强 （12～10分）	一般 （9～7分）	差 （6～0分）
4	应用文献的能力	强 （5分）	较强 （4分）	一般 （3分）	差 （2～0分）
5	设计（实验）能力	强 （15～13分）	较强 （12～10分）	一般 （9～7分）	差 （6～0分）
6	计算能力	强 （5分）	较强 （4分）	一般 （3分）	差 （2～0分）
7	外语应用能力	强 （5分）	较强 （4分）	一般 （3分）	差 （2～0分）
8	计算机应用能力	强 （5分）	较强 （4分）	一般 （3分）	差 （2～0分）
9	技术经济分析能力	好 （10～9分）	较好 （8～7分）	一般 （6～5分）	差 （4～0分）
10	图纸（试样）质量	强（5分）	较强（4分）	一般（3分）	差（2～0分）
11	设计说明书（论文）撰写水平	强 （10～9分）	较强 （8～7分）	一般 （6～5分）	差 （4～0分）
12	规范化程度	强 （5分）	较强 （4分）	一般 （3分）	差 （2～0分）

评阅教师对毕业设计评价的标准

评价内容		A	B	C	D
选题质量 20%	1 选题指导思想	符合本专业培养目标要求，有良好的实用价值（5分）	符合本专业培养目标要求，有较好的实用价值（4分）	基本符合本专业培养目标要求，有一定的实用价值（3分）	不符合本专业培养目标要求，无实用价值（2分）
	2 选题深度	符合本专业教学大纲要求，能充分体现基本知识、基本理论和基本技能的训练（5分）	符合本专业教学大纲要求，能较好体现基本知识、基本理论和基本技能的训练（4分）	基本符合本专业教学大纲要求，基本上能体现基本知识、基本理论和基本技能的训练（3分）	不符合本专业教学大纲要求，不能体现基本知识、基本理论和基本技能的训练（2分）
	3 课题工作量	工作量饱满（5分）	工作量较饱满（4分）	工作量一般（3分）	工作量较少（2分）
	4 符合实际程度	很好紧密联系工程实际（5分）	较好紧密联系工程实际（4分）	基本能紧密联系工程实际（3分）	不能紧密联系工程实际（2分）
能力水平 60%	5 综合运用知识能力	依据充分、数据可靠、论据有力、条理清晰切正确，可熟练运用所学知识和技能（15～13分）	依据较充分、数据有一定可信度、条理较清晰且论据较有力，较好地运用所学知识和技能（12～10分）	有条理和论据，基本上能运用所学知识和技能（9～7分）	无条理且无论据，不能运用所学知识和技能（6～0分）
	6 应用文献资料能力	能独立检索文献并恰当运用（5分）	有较强的检索文献能力并较好地运用（4分）	有一定检索文献能力（3分）	检索和运用文献能力差（2分）
	7 设计（实验）能力	能很好地运用科学的研究方法进行设计（实验）且理论联系实际，有强的分析和解决问题的能力，有一定创新（15～13分）	能较好地运用科学的研究方法进行设计（实验）且理论联系实际，有较强的分析和解决问题的能力（12～10分）	能运用科学的研究方法进行设计（实验）且理论联系实际，有一定的分析和解决问题的能力（9～7分）	基本上能运用科学的研究方法进行设计（实验）且能理论联系实际，分析和解决问题的能力差（6～0分）
	8 计算能力	符合本专业计算要求，数据处理方法合理和结果正确（5分）	符合本专业计算要求，数据处理方法和结果较合理（4分）	基本符合本专业计算要求，数据处理方法和结果基本合理（3分）	不符合本专业计算要求，数据处理方法和结果不合理（2分）
	9 外语应用能力	阅读并应用外文书籍和资料能力强（5分）	阅读并应用外文书籍和资料能力较强（4分）	阅读并应用外文书籍和资料能力一般（3分）	阅读并应用外文书籍和资料能力差（2分）

（续表）

	评价内容		A	B	C	D
	10	计算机应用能力	能独立操作计算机并且结合课题正确使用软件的能力强（5分）	能独立操作计算机并且结合课题正确使用软件的能力较强（4分）	能操作计算机并能结合课题使用软件的能力一般（3分）	操作计算机并结合课题使用软件的能力差（3分）
	11	技术经济分析能力	对课题的技术和经济指标分析透彻，综合评价准确（10～9分）	对课题的技术和经济指标分析较透彻，综合评价较准确（8～7分）	对课题的技术和经济指标分析、综合评价一般（6～5分）	对课题的技术和经济指标分析，综合评价差（4～0分）
设计论文20%	12	图纸质量	设计图纸规范、符合国家标准（课题做出的试样质量好）（5分）	设计图纸较规范且符合国家标准（课题做出的试样质量较好）（4分）	设计图纸一般，较整洁（课题做出的试样质量一般）（3分）	设计图纸差、不整洁（课题做出的试样质量差）（2分）
	13	论文撰写水平	项目齐全、条理清晰、论据充分、结论正确、书写工整且结构严谨（10～9分）	项目较齐全、条理较清晰、论据较充分、结论正确、书写较工整且结构较严谨（8～7分）	项目较齐全、条理较清晰、有论据、结论基本正确且书写较工整（6～5分）	项目不齐全、条理不清晰、无论据、结论不正确且书写不工整（4～0分）
	14	规范化程度	单位制、图表格式、资料引用和专业术语等符合国家标准与学院要求（5分）	单位制、图表格式、资料引用和专业术语等能符合国家标准与学院要求（4分）	单位制、图表格式、资料引用和专业术语等基本符合国家标准与学院要求（3分）	单位制、图表格式、资料引用和专业术语等不符合国家标准与学院要求（2分）

毕业答辩评分标准

序　号	内　　　容				分　值
1	自述：论题明确、条理清楚、概念正确且逻辑性强				15分
2	课题具有实际应用价值或有创新点，程序正确、合理且完整，能够演示运行				15分
3	先进的操作系统，以及平台和开发工具				10分
4	论文的内容完整规范，具有一定的工作量				10分
5	答辩问题的正确率				35分
	学术水平和综合分析问题的能力				15分
6	难度系数				（该系数只影响第5项分值）
	1.1	1.05	1	0.95	0.9

XX大学　　届优秀毕业设计推荐表

学生情况	姓名	学号	班级
指导教师情况	姓名	专业技术职务	所在学院
毕业设计题目			
课题类型		课题来源	
课题情况（打√）	今年新出题（　），往届使用过的旧题（　），往届旧题更新（　）		
主要涉及研究方向			
选题依据及背景			
实验、实践或实习基础			
主要研读书目			
指导教师评语			
评阅教师评语			
学院推荐意见	学院公章： 　　年　月　日		

参考文献

[1] 陈盈. 信息科学类学生毕业设计指导[M]. 浙江：浙江大学出版社，2011.

[2] 教育部高等学校计算机科学与技术教学指导委员会. 高等学校计算机科学与技术专业实践教学体系与规范[M]. 北京：清华大学，2008.

[3] 李继民. 计算机专业毕业设计（论文）指导[M]. 北京：清华大学出版社，2017.

[4] 杜文洁. 计算机专业毕业设计指导教程[M]. 北京：清华大学出版社，2013.

[5] 武丽志，陈小兰. 毕业论文写作与答辩[M]. 北京：高等教育出版社，2015.

[6] 孙洁，陈雪飞. 毕业论文写作与规范[M]. 北京：高等教育出版社，2014.

[7] 陈平. 毕业设计与毕业论文指导[M]. 北京：北京大学出版社，2015.

[8] 马红坤. 毕业论文（设计）写作与答辩指导[M]. 上海：华东师范大学出版社，2015.

[9] 王珊，萨师煊. 数据库系统概论[M]. 5 版. 北京：高等教育出版社，2014.

[10] 郑玲，李为. 计算机专业毕业设计指导（本科）[M]. 北京：清华大学出版社，2007.

[11] 裴雪红. 计算机专业毕业设计宝典[M]. 西安：西安电子科技大学出版社，2008.

[12] 江开耀，张绍阳. 软件工程专业毕业设计宝典[M]. 西安：西安电子科技大学出版社，2008.

[13] 眭碧霞. 计算机类专业毕业设计指南[M]. 南京：南京大学出版社，2013.

[14] 张海藩，牟永敏. 软件工程导论[M]. 6 版. 北京：清华大学出版社，2013.